AF502478

JOURNAL D'UN VOLONTAIRE

RÉFLEXIONS GÉNÉRALES

PAR

LOUIS FUSTER

MONTPELLIER
TYPOGRAPHIE ET LITHOGRAPHIE CHARLES BOEHM
10, Rue d'Alger, 10

1897

GUERRE GRÉCO-TURQUE

———

JOURNAL D'UN VOLONTAIRE

RÉFLEXIONS GÉNÉRALES

PAR

LOUIS FUSTER

———•◦◦✖◦◦•———

MONTPELLIER

TYPOGRAPHIE ET LITHOGRAPHIE CHARLES BOEHM
10, Rue d'Alger, 10

———

1897

PRÉFACE

En publiant mon journal, suivi de quelques réflexions générales, j'ai l'intention de donner un rapide aperçu de ma campagne en Grèce, telle qu'elle a été réellement.

On pourra suivre, presque au jour le jour, les divers événements et les impressions qu'ils produisaient ; j'ai raconté tout simplement les épisodes de la guerre où je me suis trouvé, et la rédaction en a été faite dans des conditions souvent difficiles. — La vérité n'y perd rien, c'est l'essentiel.

Malgré l'acuité de mes réflexions générales, j'ai conservé une impartialité absolue, et aucun entraînement de parti pris n'a présidé à l'analyse de certains faits ; je laisse à l'esprit du lecteur toute facilité pour conclure, chacun pouvant juger les situations dont le tableau est sous ses yeux.

Il ne faudrait pas supposer que le découragement a pu altérer ma pensée. Jamais ce sentiment n'a pris place dans mon récit.

Je conserve toujours le culte de l'idée de justice et de dévouement qui fut l'inspirateur de mon départ et qui me ferait agir encore au premier appel.

L. Fuster.

Montpellier, le 3 Juin 1897.

GUERRE GRÉCO-TURQUE

JOURNAL D'UN VOLONTAIRE

RÉFLEXIONS GÉNÉRALES

LA TRAVERSÉE.

6 *mars* 1897. — Nous avons quitté Montpellier à 10 h. 20. — Quelques amis étaient à la gare pour nous dire au revoir ; mais nous avions tenu à éviter les manifestations bruyantes, qui ne prouvent rien. — Nous partions, poussés par des sentiments généreux pour la défense d'une cause sacrée, et le calme convenait mieux que les expansions enthousiastes.

A la gare de Marseille se trouvaient trois ou quatre de nos camarades arrivés le matin pour préparer notre départ. — Des omnibus nous conduisirent à l'embarcadère, où était ancré le navire qui devait nous emporter.

Nous avions des places de troisième classe, que nous organisons de façon à les rendre presque aussi confortables que les secondes.

Un grand panier de provisions nous accompagnait,

car la nourriture n'était pas comprise dans le prix du passage.

Nous étions huit en tout ; deux, au dernier moment, n'ayant pu partir pour des raisons spéciales.

Après un dernier embrassement général, la cloche éloigne les amis, et, à 4 h. 1/2, le signal du départ est donné. Les chapeaux s'agitent, les mouchoirs flottent comme des oiseaux, le vaisseau file de plus en plus vite, tout devient petit, le lointain se dessine. La France se cache bientôt dans la brume, et nous restons avec nos souvenirs et avec l'Espérance.

D'après les prévisions, avec le temps actuel, qui est excellent, nous arriverons dans la journée de mercredi. — Ce sera le bon moment.

Le mal de mer ne se montre pas, tout le monde va bien. — La nuit fraîchit ; il est 7 h. D'un commun accord, on décide qu'il est l'heure de dîner.

On se réunit dans la cabine que j'occupe avec P... et L...; on s'installe comme on peut dans un local aussi petit, et le panier est ouvert.

Je fais la distribution.— Armé du poignard de C..., j'entame un saucisson gigantesque, auquel on témoigne une sympathie exagérée, que partage d'ailleurs un jambonneau glacé du meilleur aspect.

On apprécie aussi des olives noires, analogues à celles que nous trouverons en Grèce. — Le vin que nous achetons à bord est très mauvais et l'eau ne vaut guère mieux.

Nos provisions sont tellement hypothéquées que la fin en est prochaine.— Notre existence au jour le jour commence maintenant ; nous verrons plus tard.

On fume une cigarette sur le pont, puis on songe à dormir. — Pas de draps, pas d'oreillers, un matelas très dur en paille sur une couchette improvisée en bois. — Dans ces conditions il n'y a pas lieu de se déshabiller complètement; aussi j'enlève ma redingote et mes chaussures, avec une chemise de nuit je fais un oreiller, et je m'enveloppe dans la couverture qui couvre mon soi-disant lit. C'est le moment du rêve éveillé ; c'est le moment où la pensée se reporte en arrière vers tout ce qu'on a laissé peut-être pour toujours. On songe aussi à cet inconnu qui nous attend là-bas.— On se demande comment sera jugé ce départ par ceux qu'on estime et qu'on aime. — La jeunesse doit agir avec spontanéité, et, quand il y aurait un peu de folie, qu'importe. — La témérité n'est-elle pas de la folie et le courage n'est-il pas bien voisin de la témérité? — Agir ainsi, c'est vivre.

7 mars. — Réveil à 5 h. 1/2. Il fait jour, la mer est calme, le temps brumeux. — Le vent est frais, la côte est visible à notre gauche; nous marchons franchement à l'Est.

Il s'agit de déjeuner. — Nous pourrons sans doute avoir du café ; mais, en attendant, je prends quelques biscuits et je monte sur le pont. A huit heures le café est servi. — Une seule cuillère en verre est délivrée par le maître d'hôtel, qui ne croit pas pouvoir mettre entre nos mains l'argenterie ou le ruolz — Est-ce par prudence ?

Diable ! notre réputation, ou notre situation de volontaires n'a pas l'air de lui inspirer confiance. —

Nous verrons à dîner s'il nous donnera des couverts ou s'il faudra manger avec les doigts.

10 h. — Nous voguons en face de la Corse, qui nous montre quelques sommets élevés blancs de neige. — Un sémaphore sur une petite colline près de la mer. Le temps est sombre ; le navire se balance beaucoup ; la pluie est probable.

A 11 h. 1/2 nous franchissons le détroit de Bonifacio, et, comme le vent est favorable, on tend les voiles. — Nous arriverons plus vite. — Nous avons dîné tous ensemble ; mais le repas était fort mal organisé : Des assiettes en terre, des fourchettes en fer, pas de serviettes, à peine un verre pour deux. — Le navire, *La Tamise*, était stationnaire à Saïgon; aussi il manque de tout, rien n'ayant été prévu pour le service des passagers.

On commence à faire connaissance à bord. — Il y a un officier grec qui rentre à son poste, rappelé par ses devoirs de soldat. Il y a aussi un jeune étudiant russe qui a quitté Paris tout seul, pour aller combattre en Grèce. — C'est un garçon très sympathique, avec lequel on cause volontiers.

3 h. — La Sardaigne disparaît au loin. La journée a été bonne, et le soir nous nous réunissons pour souper avec nos provisions; de cette façon nos dépenses seront moindres, ce qui est important. Nous achetons une bouteille de vin. Comme il n'y a pas de tire-bouchon pour nous, je passe une tringle en fer à Jean, et, pendant que je donne à chacun sa portion, je le charge d'enfoncer doucement à l'intérieur le bouchon que nous ne pouvons extraire. Tout-à-coup j'entends des

exclamations furieuses et je me retourne pour voir ce dont il s'agit. J'aperçois notre ami inondé de vin et la bouteille renversée à terre. C'était du dernier comique.

8 *mars.* — A 6 h. 1/2, je vais faire lever tout le monde pour le déjeuner, qui devait avoir lieu à 7 heures. Toilette rapide. — Quelques-uns ont une serviette ; un seul a une savonnette, que je passe successivement à chacun.

Pendant que Nicolas s'habillait, ayant ouvert le hublot pour respirer l'air frais du matin, il a reçu la visite d'une vague qui l'a chassé dans le couloir en petite tenue. Heureusement, nous étions en famille.

Ce matin, le temps est sombre, la mer houleuse, la température froide. — Il n'y a de terres d'aucun côté.

La monotonie de la vie du bord me pénètre désagréablement. — Comment peut-on vivre des mois ainsi en présence de la mer et du ciel ?

Vers midi, des îles se montrent dans la brume. Ce sont les îles de Liparia, au milieu desquelles nous évoluons jusqu'à cinq heures. — A notre gauche, le Stromboli, dont on voit bien le panache de fumée. C'est un monticule isolé, enveloppé à tout instant par des nuages qui le masquent parfois entièrement. — A notre droite, les côtes de la Sicile. — Le vent est au Nord-Ouest. — Le capitaine accuse deux heures de retard, dues à un léger détour fait sans nécessité.

Nous cherchons partout des cuirassés, mais rien encore. — Demain j'espère avoir le plaisir de faire connaissance avec ces monstres marins, création de l'intelligence humaine. — Ce qui manque surtout, ce sont les nouvelles. Que se passe-t-il en Europe, en Grèce, en France ??

Il est terrible d'aller ainsi dans l'ignorance complète, alors que les heures ont une importance immense.

Nous vivons des journées entières sans rien savoir, marchant toujours vers notre destination première, ignorant si le blocus du Pirée est décidé, si la guerre a éclaté, si la paix règne encore.

Cette situation est très pénible pour nous.

8 h. 1/2. — Nous venons de franchir le détroit de Messine. — La nuit était sombre ; la lune brillait par intervalles. — Deux phares rouges nous indiquent la voie. Puis la mer, agitée par un courant violent, se calme, et se montre unie et brillante comme un miroir. A droite, une longue rangée de lumières qui se réflètent sur les flots ; c'est Messine. — A gauche, Reggio apparaît bientôt avec ses lumières alignées aussi.

La mer est tranquille, l'air n'a plus un souffle, la lune est blanche, le navire glisse doucement. — Nous sommes tous sur pont ; un de nos camarades chante à demi-voix ; on l'écoute, tandis qu'appuyé au grand mât, j'admire et je pense.

Quelques souvenirs de Montpellier viennent agiter mon esprit, et la journée qui fut la veille de mon départ, se présente à moi avec ses douces impressions.

Au moment où l'on se dit adieu ou au revoir, les sentiments ont une lucidité spéciale, et j'ai pu ainsi apprécier, dans un dernier regard, la profondeur de la pensée, la grandeur d'une intelligence d'élite.

Et c'est plongé dans une méditation profonde que je passe une partie de la nuit.

9 *mars*. — Nous sommes presque dans les eaux grecques. — A chaque instant nous nous rapprochons de ce pays où l'inconnu nous attend.

L'ultimatum a expiré hier au soir, et la Grèce a certainement refusé tout arrangement. Elle ne peut s'arrêter dans la voie où elle est entrée au nom de la justice et de l'humanité, aussi nous espérons pouvoir être utiles à la défense d'une grande idée.

Malgré moi, mes pensées s'envolent vers Montpellier, là où sont mes amis, là ou s'est écoulée une importante période de mon existence. — Chaque instant de la journée me rappelle ma vie d'études et de travail. — A l'heure du cours, je vois ma place habituelle, que nul autre n'occupa pendant toute l'année, et je me demande lequel de mes camarades est venu m'y remplacer. — Il m'est agréable de croire que c'est quelqu'un qui, tout en écoutant la parole du maître, laisse un léger souvenir s'exhaler vers moi.

8 h. 1/2. — On aperçoit enfin, sur notre gauche, un phare à feux tournants, qui a, dit-on, une portée de 40 milles. — C'est la Grèce. — Demain vers 4 heures nous serons au Pirée.

10 *mars*, 5 *h. du matin*. — Le cap Matapan a été doublé à 2 h. environ, et nous atteignons le cap Maléas, où se trouve un ermitage. En passant, le navire salue d'un coup de trompe marine. — A droite, se trouve la fameuse île de Cythère, dont les collines arrondies ressemblent à des seins de femme.

A 11 h., on voit, à gauche, l'île de Paros et, au fond d'une rade magnifique d'un calme absolu, se trouve le

Pirée. Déjà on distingue l'Acropole au loin et un temple de Minerve.

Un bateau grec, qu'on interroge, répond que la situation est à la guerre sans le blocus ; donc nous allons entrer en campagne tout de suite.

Il est 4 h. — Nous sommes au Pirée.

Les barques nous entourent, parce que le débarquement doit se faire ainsi.

Des étudiants prévenus sont là, et avec eux nous nous rendons à la gare, et nous arrivons bientôt à Athènes.

Il pleut, il fait froid, il y a une boue atroce. La ville est très calme.

Nous nous informons de la politique : l'ultimatum a été repoussé, mais dans des formes telles que rien de grave n'est en perspective. — Nous qui croyions trouver tout à feu et à sang, nous éprouvons une première désillusion en présence de la profonde tranquillité qui règne partout ici.

A l'hôtel Saint-Georges, des chambres ont été retenues et nous les occupons, deux par deux et même trois par trois ; puis on fait un peu de toilette et on se rend au restaurant. Malgré les trottoirs de marbre, on patauge dans l'eau, car la pluie continue de plus belle.

Dans nos chambres il n'y a ni tableaux, ni tentures ; les murs sont simplement peints. — Les lits, en fer, sont larges, très bas, avec deux matelas très minces et assez durs ; un coussin triangulaire garni de paille sert de traversin, sur lequel on dispose un oreiller plat plus souple. — Le linge a une blancheur bleutée très agréable à l'œil. — L'ameublement est confortable. Nous payons chacun trois drachmes par jour, ce qui correspond à peu près à 1 fr. 75.

Séjour a Athènes

Athènes, 12 mars. — J'ai envoyé hier ma première lettre en France, et aujourd'hui j'ai complété ma correspondance.

Je suis allé au ministère de la guerre, où je n'ai pu avoir aucun renseignement. On m'a dit simplement qu'il n'existait pas de loi autorisant l'enrôlement des étrangers ; mais que la Chambre allait être saisie d'un projet à ce sujet et qu'alors il n'y avait qu'à attendre. Au comité d'action pour les affaires de Crète, on m'a tenu le même langage.

Je me suis alors rendu au bureau de la Croix rouge, et j'ai pu m'y inscrire pour suivre, comme médecin, la première ambulance qui sera envoyée en Crète ou à la frontière.

Le soir, j'étais invité à dîner à la campagne avec quelques jeunes gens et un médecin qui partait pour l'armée. On a apporté, dans un immense plat, un demi-agneau reposant sur une masse de macaroni cuit au four.

C'était le premier service. — Après avoir chanté et fumé, on a servi du poisson et ainsi de suite pendant deux heures au moins. — Souvent, pour faire une politesse, quelqu'un piquait avec sa fourchette un morceau de choix et venait vous l'offrir en vous le mettant à la bouche. — Cette habitude est assez bizarre.

— En sortant, nous sommes allés au café, et pendant qu'on buvait des bocks, quelqu'un vous faisait passer, toujours au moyen de la fourchette commune, un morceau de poisson bouilli emporté du repas. Enfin, vers 2 h. du matin, j'ai pu rentrer à l'hôtel, abandonnant mes compagnons, qui n'éprouvaient pas encore le besoin de repos.

Ces sortes d'agapes fraternelles sont très intéressantes à voir, mais fatigantes aussi pour un étranger.

Hier, j'ai visité le Stade, le temple de Jupiter, l'Université, etc.

13 *mars* 1897. — Je suis allé voir l'Acropole avec le Parthénon, les Cariatides, le théâtre de Bacchus, etc.

Au sommet de l'antique citadelle athénienne, j'ai trouvé un vieux canon éclaté, remontant sans doute à l'époque de l'occupation turque. — Il y avait aussi des éclats de bombe et quelques boulets de fer, qui furent lancés lors du bombardement ordonné par l'amiral vénitien Morosini. C'est depuis cette époque que le Parthénon est coupé en deux immenses lambeaux.

Aujourd'hui, tout est en réparation.

La vue est magnifique de là-haut, les ruines immenses, les souvenirs peu vifs. — On n'est pas impressionné par cette grandeur si lointaine, et ces puissantes constructions n'expriment aucun de ces doux sentiments qu'on retrouve auprès de certaines ruines. Les bruits de la ville moderne font taire la voix du souvenir.

J'ai admiré, mais je ne me suis pas assis sur un de ces blocs de marbre, pénétré par la poésie du Passé.

— C'est simplement une curiosité historique. Le cœur n'est pas touché, et les sentiments ne s'éveillent pas au pied du Parthénon. J'ai cueilli des fleurs nées entre les marbres brisés ; j'ai cherché des souvenirs, je n'ai vu que des pierres ; j'ai voulu compatir au malheureux sort d'un grand peuple, et, en remontant de siècle en siècle, je n'ai trouvé que richesse orgueilleuse et fausse, vanité. — Je crois que les ruines de Sparte présente_raient pour moi une réelle poésie ; mais je n'aurai pas le temps de les visiter malgré mon désir.

Je viens d'écrire au directeur du service de santé pour me mettre à sa disposition. Je frappe à toutes les portes, cherchant à utiliser ma bonne volonté et à réaliser mon désir d'être utile.

Je suis retourné à l'Acropole avec l'étudiant Russe, et ma première impression s'est renouvelée. — J'ai gravé sur le marbre deux écussons avec des initiales ; puis nous sommes allés à la prison de Socrate. C'est une sorte de caverne creusée dans le rocher et éclairée par une ouverture faite à la partie supérieure.

Dans le fond existe une espèce de banc taillé dans le roc. — La tradition veut que ce soit là l'endroit où le philosophe but la ciguë.

Nous avons vu aussi le Pnyx et le temple de Thésée, qui est dans un parfait état de conservation.

14 *mars.* — La situation reste pendante, et on ne prévoit encore rien ni dans le sens de la paix, ni dans le sens de la guerre.

Les volontaires arrivent de tous côtés et prennent rang dans l'armée régulière, car ils sont d'origine grecque. Quant à la légion étrangère, elle ne pourra être constituée qu'après le vote de la Chambre ; mais le seul fait de sa formation officielle semble devoir fixer par l'affirmative la question de la guerre. — D'autre part, la Chambre française s'occupera demain de la question crétoise. — Puisse la situation actuelle démontrer que la France républicaine seule est plus grande que la République alliée à l'autocratisme impérial ! Nos députés comprendront que le peuple crie en faveur de la Liberté et est prêt à affirmer ses droits consacrés par la grande révolution.

Ces principes revivront plus puissants que jamais, et malheur à celui qui voudrait y porter atteinte. — L'opposition des peuples contre le gouvernement s'accentue chaque jour davantage, les trônes tremblent sur leur base, les têtes couronnées sentent monter vers elles la foule houleuse et menaçante qui va les engloutir : — Ceux des souverains qui voudront vivre ont leur voie tracée : suivre le mouvement et, mieux, se mettre à la tête ; — les autres mourront brutalement ou chercheront un asile dans l'exil.

Dans l'esprit des peuples et des gouvernants on trouve tous les éléments nécessaires à un bouleversement général. — Il ne faut pas s'y tromper, l'effervescence se cache sous le masque du calme ; mais il y a un volcan sur le point d'éclater. — Pourquoi vouloir subordonner la volonté des peuples aux intérêts personnels ? Pourquoi oublier tous les sentiments de justice et de loyauté, pour conserver des amis dont on devient les complices ? ?

L'Avenir répondra.

16 *mars*. — Décidément il est toujours impossible de savoir à quoi s'en tenir. Les nouvelles se contredisent, et la situation reste la même. Cependant un fait important est celui-ci : La Chambre a voté hier la loi de formation d'une légion étrangère, et aujourd'hui les questions de détail à ce même sujet ont été réglées. J'ai assisté à la séance.

18 *mars*. — Nous commençons à en avoir assez de ce régime d'attente. — On s'ennuie, et pour comble de malheur il fait un temps horrible. — Il nous faut une existence active, accidentée par des dangers et par des luttes, et, au lieu de cela, le calme de la ville, des conversations que nous ne comprenons pas, des journaux que nous ne pouvons lire, des nouvelles de France qui nous arrivent huit jours après.

Notre situation est essentiellement fausse. — Nous sommes allés au ministère, et on nous a renvoyés à trois ou quatre jours.

C'est désespérant de se ruiner ainsi sans rien faire. Il faut que le roi signe ; il faut qu'il réfléchisse, il faut un tas de choses qui nous révoltent.

Quelle organisation désorganisée ! !

Notre position est pénible : sacrifier ses études, son avenir, sa fortune, sa vie pour une bonne cause, venir se mettre à son service au premier appel et rester là inutilement ! C'est terrible pour des jeunes gens, aussi je suis furieux. — Il faut être plus philosophe que moi pour admettre tout cela de gaieté de cœur. — Je me fais violence, je résiste, je lutte, mais je vais commencer à protester.

J'ai tout quitté, études, concours, amis, etc., etc., et me voilà croupissant dans la boue d'Athènes ! — Où donc trouverons nous un peu d'énergie, un peu de suite dans les idées? — L'indétermination règne en maitresse dans les centres gouvernementaux. — Ma lettre au directeur du Service de santé est restée sans réponse ; ma demande d'inscription comme volontaire est ajournée jusqu'au moment où il plaira au roi de signer une loi votée par la Chambre, ma vie est en suspens, mon activité nulle.

On en arrive à regretter d'avoir écouté la voix du devoir, que tant d'autres oublient.

Tout ceci sans profit ni pour la Grèce, ni pour moi. — Cette aventure sera une ombre, et j'aurai appris à juger les gouvernements et les peuples.

On nous offre d'être des insurgés, des brigands, marchant simplement pour détruire, sans autre but que le mal.. — Nous ne saurions accepter un rôle qui ne peut convenir à notre jeunesse enthousiaste mais honnête.

Après le beau mouvement qui a soulevé les peuples, l'Hellénisme recule, épouvanté devant la grandeur de sa tâche. Un grand peuple devenu petit ne se relève pas facilement, et, si une étincelle jaillit parfois, elle vient d'un incendie qui s'éteint et non d'un nouveau foyer qui s'allume.

La politique suit une ornière, d'où elle ne veut point sortir malgré ses protestations énergiques en paroles et nulles en fait.

Apathie, ignorance, intérêts particuliers, tout est réuni dans la situation actuelle. — C'est en vain que la grande voix du devoir essaye de secouer la torpeur qui plane sur toute chose.

Aux hommes de bonne volonté on dit : « Allez, soyez des insurgés, voici des armes ; tuez, volez, massacrez, nous verrons cela avec plaisir ; mais officiellement nous ne pouvons rien pour vous ». Ensuite, s'il arrive que l'ennemi se fâche et proteste contre ces bandes armées, le gouvernement répondra : « Que voulez-vous ! ce ne sont pas des soldats, ce sont des insurgés, dont nous ne sommes pas responsables ». — Dans ces conditions leur sort est fixé d'avance.

Et voilà cependant ce qui se passe !

19 *mars*. — Je suis disposé à accepter n'importe quelle fonction, qui me permette de reprendre ma vie active ; cependant ma situation de médecin m'impose des devoirs au point de vue humanitaire. Cette considération professionnelle se grave de plus en plus dans mon esprit, et le droit de conserver me paraît aujourd'hui plus grand que celui de détruire. Il me semble que j'entacherais ma profession, si je me laissais entraîner par le feu de la jeunesse, qui me pousse à combattre. — Je suis venu pour être utile à un pays. — Je puis l'être en tuant ses ennemis ou en conservant par mes soins la vie de ses défenseurs. Ce dernier rôle est plus grand, plus généreux.

Dans une guerre presque barbare, au milieu de difficultés de toutes sortes, les dangers seront nombreux pour le médecin et la gloire beaucoup plus obscure ; mais la conscience sera satisfaite. Les sentiments de reconnaissance de la part de ceux qu'on aura soignés, remplaceront la haine qui animera le vaincu contre le vainqueur. — L'accomplissement du devoir n'est pas toujours couronné d'une auréole de gloire, et, si c'est elle que l'on recherche, il ne faut pas parler de dévouement.

Mes camarades de Montpellier se sont tous envolés et habitent la ville. Je reste seul à l'hôtel avec l'étudiant russe, qui attend, lui aussi, que l'avenir s'éclaire. Je suis bien décidé à boire le calice jusqu'à la lie; mais je ne puis m'empêcher de juger froidement et sévèrement les personnes et les événements. — Les responsabilités seront lourdes et les comptes difficiles à rendre plus tard. Combien est louche le déclin de ce siècle si brillant à son début!

Si le canon pouvait régénérer notre génération ! S'il était possible de la retremper dans le sang généreux de quelques-uns! Quel grand service rendu à l'humanité.

Le pessimisme s'impose même à ceux qui voudraient voir tout en bien, et l'on est obligé d'abaisser ses regards que l'on tenait fixés sur un idéal. — On ne peut s'isoler dans la contemplation de quelque chose de grand et de noble ; le bruit de la multitude qui grouille à nos pieds transforme en d'affreux cauchemars les doux rêves où nous nous perdions. Mais gardons nos sentiments et passons sans écouter, suivant notre voie, heureux si quelqu'un sait nous comprendre.

20 *mars*. — J'ai assisté hier au départ du premier régiment pour la Thessalie. Beaucoup de monde

dehors sur le passage des troupes ; aux balcons, des
dames agitant leur mouchoir ; quelques cris, quelques
détonations. Et cependant pas d'enthousiasme ni de la
part des troupes ni de la part de la population.

Quelle différence avec ce qui se passerait en France
dans des circonstances analogues : Le peuple en délire
dictant des lois aux gouvernants et poussant les troupes,
prêt à les soutenir. Des cris, un tumulte indescriptible, plus de police, le désordre exprimant des sentiments plus désordonnés encore. Et, au milieu de ce
trouble, la ferme volonté d'agir. — Le bon et le mauvais, alliés dans des proportions sublimes. — Les plus
grands crimes à côté des plus nobles dévouements.
Telle fut la France en 89.

Ah ! s'il en était ainsi en Grèce ! La guerre serait
certaine et la victoire n'hésiterait pas devant cette
poussée puissante d'un peuple armé contre la barbarie
et le despotisme.

Le siècle a dégénéré. — On n'ose plus, on tremble
avant l'action, on hésite, on attend, et à la fin on plie
humblement et l'on se console en disant : « Il était
impossible d'agir autrement. On a écouté la voix de
la sagesse etc., etc. ».

La lacheté seule peut se contenter de pareils argu-
ments.

Demain dimanche, 21 mars, la Crète sera déclarée
en état de blocus ; les navires grecs doivent avoir
quitté les eaux crétoises avant 8 heures du matin, sous
peine d'y être contraints par la force. Voilà un fait
précis. — Or la Grèce ne peut retirer ses vaisseaux des
abords d'une île dont le colonel Vassos a pris posses-

2

sion au nom du roi des Hellènes ; de plus elle ne peut admettre le blocus pur et simple, toujours pour la même raison. L'annexion n'a pas été reconnue, au contraire ; mais pour le gouvernement grec c'est un fait accompli et officiellement même. — Voyons quelle sera la réponse.

21 mars. — Les navires grecs qui étaient en Crète ont reçu l'ordre de se retirer. Voilà donc ce qu'est devenue l'attitude énergique du gouvernement ! Il eût été si beau de voir une canonnière attaquée et coulée par les flottes réunies de toutes les grandes puissances. — C'eût été un succès sans précédents et l'enthousiasme eût été immense dans tout le monde. — Quelle belle page dans l'histoire héroïque de la Grèce, et quelle honte pour l'Europe coalisée !

L'occasion d'être grand a été manquée pour le gouvernement Hellène. — Inutile de se fâcher et de faire l'enfant terrible, si à la première sommation on baisse la tête et on se tait !

Si cet état de choses continue encore, je suis décidé à rentrer en France, n'emportant que de bien tristes impressions.

Le temps est toujours ignoble : vent et poussière le matin, pluie et boue le soir. — Quel climat !

24 mars. — Je viens de recevoir ce matin la première lettre de France. — J'ai été ému en voyant cette écriture que je ne connaissais pas et que je devinais quand même. J'ai répondu, exprimant les sentiments inspirés par cette lettre simple, vivante, énergique :
Quelle soif d'utile activité tient Sa pensée !

Quel but puissant, noble et généreux captive Son existence ! Que de dangers dans cette voie !

Le peuple est lâche et ingrat, et ce n'est qu'avec une lenteur extrême qu'on lui apprend à comprendre la grandeur de l'idée qu'on lui offre. Il s'étonne d'abord, il hésite, puis peu à peu il monte, il monte, et brusquement un cataclysme éclate, sanglant et barbare.

Que de sang, que de cadavres, que d'innocents sacrifiés ! L'idée triomphe alors et s'élève bien haut sur les ruines amoncelées ; si haut que bientôt on la perd de vue et qu'on retombe sous un nouveau joug.

Les réactions populaires ne sont qu'une étincelle qui embrase et détruit tout en un jour, puis l'incendie s'éteint et le calme succède à la tempête.— Le Temps est le grand maître dans l'évolution des peuples.

25 mars. — Ce matin, nous avons couru de caserne en caserne, cherchant des renseignements, et nous n'avons obtenu que l'éternelle réponse: « Demain ».

Heureusement, dans l'après-midi nous avons trouvé un Comité qui s'occupe d'organiser la légion, et nous avons pu nous inscrire. On nous a assuré que dans deux ou trois jours nous serions définitivement fixés. Une lueur d'espérance s'allume pour nous, et la confiance renaît.

26 mars. — Je suis allé ce matin à l'hôpital, croyant retrouver les impressions que j'éprouve quand je me vois entouré de malades, de blessés. Mes prévisions ont été trompées, et je me suis fatigué vainement à suivre un service lent et monotone. Ici les explications théoriques sont trop longues pour une clinique où il

n'est pas nécessaire de faire des leçons de pathologie..
Je n'y retournerai plus, préférant garder le seul souvenir de l'enseignement que j'ai reçu à Montpellier. A
deux heures, nous sommes allés au siège de la légion
philhellène, qui se trouve à l'école des sous-officiers.
Un capitaine a fait l'appel, puis on nous a renvoyés à
demain.

29 *mars.* — Aujourd'hui seulement, on nous a
demandé nos titres et qualités, car nous devons conserver nos grades ; aussi je suis porté comme médecin
de la colonne.

On a fait la distribution des lits : Pas de matelas, pas
de paillasse, pas de drap ; des planches et trois couvertures pour chacun.

Je me suppose en campagne, aussi j'ai fait comme
tout le monde, et j'ai organisé ma couchette pour la nuit
que nous passerons ici. Il est bon que les officiers et
les hommes soient soumis aux mêmes privations.

30 *mars.* — Distribution des fusils et des cartouches. Il est intéressant d'étudier l'état d'esprit des
jeunes qui n'ont jamais servi. La discipline, le milieu
moral où l'on se trouve, les difficultés physiques que
l'on rencontre à chaque pas, les corvées parfois répu-
gnantes, tout cela surprend très désagréablement.
Et puis, cette subordination de tous les instants, on ne
peut plus avoir de liberté, de volonté. L'individu disparaît devant le galon.

Oh ! je me souviens de mon entrée à la caserne, le
20 mars 1888, comme engagé volontaire pour 5 ans.
J'ai pleuré alors de rage contenue, de désespoir pour

la perte de mon indépendance ; mais l'amour-propre me faisait écrire que je trouvais tout charmant dans la vie de caserne. Je croyais avoir fait une sottise et j'ai vu ensuite que je ne pouvais mieux agir. Un hasard bienveillant me guidait.

2 *avril*. — Hier nous nous sommes rendus auprès du directeur du journal « Empros » pour protester au sujet de la légion philhellène, dont on se moque ici.

Il est ridicule et désespérant de voir une loi votée par la Chambre depuis plus de quinze jours attendre encore la signature du roi.

Pour calmer les esprits on a nommé un capitaine ; on a distribué des fusils, on a donné à chacun trois couvertures et des planches, et puis on nous a dit d'attendre les décisions du gouvernement. Chaque jour, on va à la caserne le matin à huit heures ; on attend jusqu'à onze heures en fumant, causant, et ensuite on va déjeuner en ville à ses frais.

Le soir, de 2 à 6 heures même comédie.

Enfin veut-on faire de nous quelque chose ?

Tout le monde est furieux et découragé. Le capitaine, ne pouvant répondre à nos questions qui le fatiguent, a pris le parti de ne plus venir, et nous restons ainsi sans ordre, attendant. Attendre, attendre, c'est le mot de la situation, c'est celui qui répond à tout, c'est celui qui caractérise les tendances gouvernementales. On ira loin avec de tels principes !

3 *avril*. — Notre capitaine vient d'arriver rayonnant de plaisir, et nous avons compris que quelque chose était enfin défini.

En effet, il avait entre les mains le fameux décret signé par le roi. La joie ressentie par tous a été immense, car on avait la conviction d'être régulièrement engagé au service du pays. C'était le commencement.

6 *avril*. — J'ai écrit en France pour arrêter toute correspondance. Comme je compte partir bientôt, les lettres ne pourraient me suivre, et elles se perdraient sans doute, ce qui serait très malheureux.

Aujourd'hui, c'est l'anniversaire de la proclamation de l'indépendance. La ville est pavoisée, mais, malgré une manifestation patriotique en faveur de la guerre, tout est calme. Je me suis rendu ce soir au bureau de la Croix-Rouge, où j'étais appelé.

Il s'agissait de l'envoi d'une ambulance, et on m'avait compris dans le personnel médical. Puisque j'appartiens à la Légion, j'ai dû renoncer aux fonctions qui m'étaient offertes et qu'il m'eût été très agréable de remplir. Le service de santé semble mal organisé, et je crois que les véritables formations sanitaires seront les ambulances civiles, qui disposent de tous les moyens nécessaires comme matériel et comme personnel. Si la guerre éclate, on verra ce que vaut l'initiative privée. C'est sur elle seule que l'on peut réellement compter, je le crains, car les organisations militaires n'ont pas l'air d'être préparées suffisamment.

10 *avril*. — Je comptais sur des nouvelles de France ; mais maintenant c'est fini. Mes lettres arrêtant toute réponse sont arrivées à destination et l'on ne m'écrira plus. Pourvu que nous partions bientôt !

Les soldats sont habillés. Costume très simple :
Pantalon vert et veste courte de même couleur. —
Pour les officiers, rien n'est encore fixé.

La guerre semble imminente, puisque 3,000 insurgés
sont entrés en Macédoine. Le gouvernement ne peut
les abandonner sous peine de les voir tous massacrer. —
Dans ces conditions, l'armée doit intervenir, et alors le
dénouement est proche.

J'ai demandé l'autorisation de vacciner les légionnaires, j'ai réclamé aussi un paquet de pansement
individuel, car, dans les corps volants, il faut que
chaque homme puisse à la rigueur panser une blessure.

Des manteaux seraient bien nécessaires ; mais les
ressources sont bornées, et il est très difficile, sinon
impossible, d'obtenir quelque chose. — L'organisation
marche très lentement — tout semble abandonné à la
spontanéité individuelle, et alors désordre sur toute la
ligne.

Après un espoir bien légitime, né au moment où la
légion a été officiellement constituée, le calme qui
enveloppe toute chose engendre une mélancolie profonde.

Le caractère est changé, on sent qu'on réagit par
saccades. — Des mots aigus viennent aux lèvres ; le
mécontentement rend dur et méchant même. Je suis
absolument pénétré par cet état d'esprit ; et une colère
sourde bouillonne en moi et me pousse à clouer
quelqu'un au pilori. — On est dominé par une idée
fixe, idée d'action et de dévouement. Tout dans notre
existence tourne autour de cet axe et étreint nos pensées. — Chaque nuit, les rêves se répètent, toujours les

mêmes : on part, on est en Thessalie, on se bat, la guerre est finie, on rentre en France, etc., etc.

Et autour de nous, emportés par nos sentiments, Athènes avec son peuple riche et tranquille, attendant.

12 avril. — Une lenteur systématique caractérise toute organisation officielle. La légion n'est pas prête, Les officiers ne connaissent point encore le modèle de leur uniforme. — Les soldats ne sont pas exercés, ni habitués à la marche. — Il n'y a pas l'ombre de discipline. — Beaucoup n'ont jamais touché un fusil Gras.

La bonne volonté supplée à tout aujourd'hui, à Athènes ; mais demain, lorsque nous serons loin sans secours, les privations se feront durement sentir. Nous laisserons les hommes sur les routes et ils trouveront un fossé pour mourir.

Que de choses terribles en perspective !

J'ai réclamé et je n'ai rien obtenu.

Il faut rendre justice à quelques hommes qui rougissent de l'imprévoyance coupable des gouvernants. — Le peuple lui-même semble comprendre ; mais il reste impuissant. Pourquoi la voix de la multitude ne s'élève-t-elle point pour protester contre la comédie qui se déroule à ses yeux ? Si toutes les poitrines vibrent si fort d'un enthousiasme contenu, pourquoi le gouvernement ne tremble-t-il pas et continue-t-il à se jouer du pays ?

Voilà ce que je condamne.

La Liberté ou la Mort. — C'est si simple. L'Europe se taira, et, devant l'héroïsme qui accompagne de tels sentiments, elle reconnaîtra la puissance de l'Hellénisme qui reprendra la place qui lui revient. Mais il faut agir, il faut prouver sa vitalité par des actes, il faut montrer au monde que le peuple Hellène existe toujours et qu'aujourd'hui il renaît de la cendre des siècles.

14 *avril*. — Le ministre de la guerre nous a rendu visite et a promis de nous faire partir très prochainement. — Nous avons quelques vagues indications quant à nos uniformes.

17 *avril*. — Le roi a enfin choisi notre tenue, et nous serons habillés demain. — C'est une dépense de plus; mais elle était inévitable.

Des bruits de combats à la frontière de Thessalie circulent dans la ville, et les dépêches arrivent de plus en plus affirmatives. — C'est la guerre.

LE DÉPART

Dimanche 18 (*Pâques*). — Nous allons à la caserne comme de coutume, et le capitaine nous prévient que des ordres de départ peuvent nous être donnés d'un moment à l'autre, aussi laissons-nous notre adresse, afin d'être avertis s'il y a lieu.

A 2 heures, je retourne au quartier. Il est probable que nous partirons ce soir; en attendant je m'occupe d'organiser un sac d'ambulance qui contiendra les médicaments d'urgence.— A 4 heures, ordre de partir de suite pour le Pirée, où des navires nous attendent pour nous conduire à Volo. — A peine ai-je le temps de rentrer à l'hôtel prendre mon revolver. — Je laisse tous mes effets au propriétaire en le priant d'en avoir soin.

La légion traverse la ville, qui est toujours calme.— Une petite pluie fine nous pénètre peu à peu.— Il y a dans les rues une boue atroce.

19 *avril* (lundi de Pâques). — A bord du paquebot *Ionia* de la Compagnie Panhellénique. — Enfin nous sommes embarqués. — Quelle hâte dans ce départ ! Il a fallu attendre longtemps à la gare, plus longtemps encore au Pirée, que nous n'avons quitté qu'à 1 heure du matin.

A 10 heures, nous sommes en face de Chaleis, dont nous traversons le détroit fermé par un pont tournant. —La mer est excellente ; le pays charmant.—On aperçoit de vastes prairies verdoyantes qui couvrent les côtes que nous longeons.

Quelques souvenirs jettent une note triste dans mes pensées ; mais le but est atteint en partie. La guerre est déclarée ; l'avenir nous ouvre ses portes.

L'état suraigu de la situation politique ne pouvait durer. Une étincelle a éclaté, et le feu est aux poudres. — On annonce le succès des troupes grecques ; mais il ne faut rien conclure de là. — La Turquie est une grande puissance, son armée est nombreuse et ses soldats à toute épreuve ; aussi, il y a lieu de craindre une campagne longue et difficile, avec des oscillations multiples, des victoires et des défaites des deux côtés. Il faut s'attendre à tout et ne se décourager jamais.

Notre capitaine est un homme de bonne éducation et d'instruction militaire solide. C'est l'un des meilleurs officiers de l'armée grecque. Il est secondé par un jeune lieutenant, qui joint à une grande amabilité la connaissance de son rôle spécial. — Nos chefs ont toute l'estime et la sympathie des hommes qu'ils commandent.

Il y a ensuite huit officiers appartenant aux diverses nationalités qui composent des sections séparées.

Malgré tout, la légion n'était pas prête, et elle laisse beaucoup à désirer, quant à la discipline surtout.

Volo-Larissa

20 *avril.* — Nous sommes arrivés lundi 19, à minuit. Les soldats ont été casernés au théâtre. Je suis allé à l'hôtel de France avec le lieutenant grec, les lieutenants allemand et italien; mais nous n'avons pas dormi, car il était entendu que nous partirions à la première heure pour Larissa. — Nous sortons à 5 heures pour aller rejoindre les soldats. — Impossible de déjeuner. C'est trop tôt. — On s'organise, on distribue des cartouches, et à 9 heures seulement on part, par train militaire.

Avant le départ, deux volontaires grecs, impressionnés par la vue d'un convoi de blessés, avaient réclamé l'autorisation de nous quitter. Elle ne leur fut pas refusée, bien entendu.

Nous sommes à Larissa vers 10 h. 1/2. Les soldats se placent et l'on se dirige vers la ville, assez éloignée. — Il faisait un peu de vent et la route était couverte d'une couche énorme de poussière. — Je n'en ai jamais vu autant — Le soleil était brûlant. — C'est alors pour la première fois que nous avons perçu la voix lointaine du canon. De temps en temps, en effet, une détonation profonde se faisait entendre du côté des montagnes, c'est-à-dire vers la frontière et trouvait un écho dans nos cœurs enthousiastes. — Cependant on marchait lentement, étouffé par la poussière et le soleil. Chacun sentait le voisinage de la mort et prévoyait que, dans quelques heures peut-être, sa vie se jouerait sur un champ de bataille.

Nous avons défilé devant le prince héritier, entouré de son état-major, puis nous sommes allés à la caserne, et on nous a rendu la liberté jusqu'à 2 heures.

J'ai rencontré à Larissa le frère de mon ami Jean Papadopoulos[1], avec lequel je vais déjeuner ; ce jeune homme, étudiant en médecine, était venu pour s'engager, mais n'avait pas été accepté.

A 2 h. 1/2, la légion se réunit, attendant des ordres, qui n'ont été donnés qu'à 6 heures.

Il s'agissait, nous dit-on, d'aller soutenir un point de la ligne qui n'avait pu encore déloger les Turcs.

Je reste avec les chariots qui portent les munitions et les vivres. — Pour ce service de transports on avait réquisitionné des paysans thessaliens. — Je crois qu'il n'est pas possible de voir des hommes aussi stupides. Ils ne savaient pas conduire certainement, ou bien ils étaient ivres, car à chaque instant on risquait de verser. Ils passaient sur les trottoirs, dans les fossés, contre les parapets des ponts ; accrochaient toutes les voitures ou charrettes, se trompant de direction à

---

[1] Incorporé lui-même dans un régiment régulier.

tous les changements de route et ne comprenant pas les observations que leur faisait le lieutenant grec.

La nuit était sombre, on croisait des convois de blessés, des fourgons de munitions revenant de la frontière.

Après deux heures de marche, ordre de rentrer à Larissa. — C'était le comble.

Nous atteignons la caserne à 10 h. 1/2.

Il ne fallait pas songer à dîner.

Un morceau de pain, un peu de fromage, tel est le repas que nous fîmes, le lieutenant et moi. — Ensuite nous étendons par terre une couverture, sur laquelle nous nous couchons, puis une autre par dessus, un sac sous la tête, et nous voilà nous livrant aux douceurs du sommeil.

21 avril. — Les soldats sont mécontents de la marche inutile de la veille.

La discipline fait complètement défaut, et il se passe des scènes regrettables entre les officiers et les légionnaires.

On espère partir aujourd'hui.

Larissa est une vilaine ville qui a conservé le type turc. — Elle est sale, avec de petites rues défoncées, des maisons basses.

Il existe au centre un petit monticule qui commande la plaine et qu'on a armé d'une batterie de canons à longue portée.

Sur la rivière (le Pénéus) qui passe au nord de la ville, on construit deux ponts de chevalets pour le cas où la retraite aurait lieu.

Les communications sont assurées par un grand pont sur lequel passe la route qui va à Tournavos et, par Melonna, à Elassona. — Les nouvelles arrivent difficilement, cependant une certaine crainte se manifeste autour de nous.

Le sort des armes aurait-il changé?

Les succès du début étaient obtenus dans des combats d'avant-garde; mais on a marché si lentement, que les Turcs, surpris, ont eu le temps de se reconnaître. La situation militaire devient plus grave. — J'en ai la conviction absolue, grâce à quelques mots que j'interprète d'une façon impartiale.

On parle des Turcs qu'on aurait laissés entrer pour les entourer et les faire prisonniers.

Ceci ne m'inspire aucune confiance, car, s'il ne faut pas craindre ses ennemis, il ne faut pas non plus les croire dépourvus de tout bon sens. — Il y a quelque chose de louche là-dessous, et nous le verrons bientôt.

VRISSIS-TOURNAVOS

22 *avril* (jeudi). — Hier soir, après ordre et contre-ordre, la légion a pris la route de la frontière.

Le chemin était en très mauvais état et la marche excessivement pénible.

La nuit très noire. — Au loin nous apercevions, sur la montagne, de grands feux qui nous désignaient à coup sûr les positions occupées par les Turcs.

Des charrettes chargées de femmes et d'enfants encombraient la route. — C'était les paysans fuyant l'invasion des barbares.

A tous, on demandait des nouvelles : ça va bien, ça va bien, disaient-ils, et ils s'éloignaient rapidement. — Puisque ça va si bien, pourquoi quittent ils leurs villages emportant seulement quelques ballots de linge, abandonnant tout le reste dans leur hâte de se sauver ?

Vers minuit, nous sommes à Kazaklar, où nous nous arrêtons un instant pour boire. — Le capitaine en profite pour faire une distribution de biscuits, et l'on reprend le chemin du côté de Tournavos, où l'on arrive à 2 heures du matin, exténué de fatigue. Je ne me couche pas, il est trop tôt. — On s'occupe de faire un ragoût que l'on mangera avant de partir. — A 6 heures, le repas est prêt. Je me fais prêter une gamelle et je prends ma part de macaroni. — Il y a, tout près de nous, une caserne transformée en hôpital. Le médecin en chef arrive. Il est fort aimable, parlant couramment le français ; il met à ma disposition tout ce qui pourrait m'être nécessaire en fait d'objets de pansements. — J'ai ce qu'il me faut, mais j'accepte un brancard pour le transport des blessés.

Nous allons prendre nos positions de combat. — La frontière était devant nous, formée par une haute chaîne de montagnes, dont les contreforts s'avançaient dans la plaine. Nous traversons Tournavos, et nous nous portons en avant. — Après une heure de marche, nous apercevons quelques troupes étagées sur les collines qui se trouvent à notre gauche, puis, un peu plus en avant, un monticule de rochers qui se prolonge à droite, dominant le terrain placé devant nous et faisant face à la montagne. Sur le versant, au fond d'une gorge, se montrait un gros village d'où s'élevait un épais nuage de fumée. — Les Turcs étaient là. — Par une manœuvre que l'on ne comprend pas, les Hellènes, qui gardaient la passe de Melonna, s'étaient retirés presque sans combat, et les troupes d'Edem-Pacha, entrées en Thessalie occupaient les villages de Karatzoli et de Ligaria, que nous avions sous les yeux. Tout était calme, et sans difficulté la légion alla rejoindre les troupes déjà placées derrière le mamelon de Vrissis. Le soleil promettait d'être chaud ; heureusement, à droite de notre position et sur la même ligne, on rencontrait une source abondante abritée par quelques arbres, dont le feuillage naissant lui servait de rideau. Au delà de la source, sur le bord du plateau quatre batteries étaient placées, trois de montagne et une de campagne.

A peine étions-nous arrivés, que l'artillerie grecque ouvre le feu sur les deux villages, qui sont à une distance de 3,5oo mètres en ligne droite. Les Turcs ne répondent pas d'abord ; puis, tout à coup, une détonation sourde retentit ; quelques secondes après, passe au-dessus de nos têtes comme un frémissement d'ailes, comme une envolée d'oiseaux rapides, et à une centaine de mètres en arrière s'élève un tourbillon de terre et de fumée accompagné d'une nouvelle détonation brève et éclatante. C'est le premier obus, qui vient sans doute nous souhaiter la bienvenue, en attendant que nous fassions plus ample connaissance. On le salue par une inclinaison de tête instinctive, réellement involontaire.

Le duel d'artillerie s'engage, et nous restons à l'abri

des obus, mais sous une chaleur tropicale — On déjeune avec ce que l'on trouve au fond de sa musette, c'est-à-dire avec pas grand'chose. On a de l'eau en abondance, et, en définitive, on n'est pas impressionné du tout. Les Turcs tirent mal et beaucoup d'obus n'éclatent pas, aussi à la fin de la journée, les pertes des Grecs étaient-elles nulles. — Une seule victime, un malheureux..... mulet, servant au transport des munitions. — On disait que l'ennemi avait eu des pertes sensibles, et il est juste de reconnaître la supériorité de tir de notre artillerie, ce qui rend cette opinion très vraisemblable,

Vers 7 heures, je pars avec un médecin militaire pour tâcher d'aller dîner à Tournavos. Comme la route est longue, nous prenons des mulets et nous voilà en quête d'un repas quelconque. Une auberge était ouverte et nous y entrons.— On nous sert de l'agneau avec du macaroni, et, comme l'appétit est excellent, nous commençons à faire honneur à ce premier plat.

Tout à coup des cris horribles éclatent dans la rue, et, au milieu du tumulte, on distingue ces mots : Aux armes ! les Turcs, les Turcs. — Il était 9 heures environ. Nous quittons la table, après avoir laissé quelque monnaie, et nous sortons, prêts à faire notre devoir de soldat et à vendre chèrement notre vie. — Dans le village tout le monde fuyait épouvanté. Des soldats armés, pris par la panique, ne songeaient qu'à se mettre à l'abri, en s'éloignant au plus vite.

La situation n'était pas poétique, et j'eus, en ce moment, la conviction formelle que cette nuit serait pour moi la dernière. Très calme, bien décidé à mourir en combattant, je fis mes adieux à la France, à mes amis et je tirai mon revolver, gardant, comme suprême ressource, mon sabre, finement aiguisé deux jours avant. Le médecin militaire cherchait à calmer les esprits, s'informant de ce qui s'était passé réellement. — Après quelques minutes qui parurent bien longues, il fut reconnu que c'était une fausse alerte, causée par un paysan poltron qui avait vu les Turcs là où il n'y avait que des cavaliers grecs en reconnaissance. — Il ne fallait plus penser à dîner ; aussi, nous reprîmes le chemin de l'ambulance placée à 2 kilom. de Vrissis.

A peine arrivions-nous aux deux tentes qui constituaient cette formation sanitaire, qu'une fusillade très vive éclata dans la nuit, du côté des positions occupées par l'armée grecque. Les coups de feu pressés ressemblaient à des gerbes d'étincelles s'élançant vers le ciel sombre ; on eût dit qu'on remuait un immense brasier. Le médecin m'offrait de rester avec lui ; mais j'insistai pour rejoindre la légion que je croyais attaquée par les Turcs. — Je ne connaissais pas la route, et la moindre fausse direction pouvait me jeter au milieu des lignes ennemies, aussi le médecin grec voulut-il lui-même m'accompagner jusqu'au campement, que nous atteignîmes bientôt.

Le feu avait cessé, — Contre mon attente, ce n'étaient pas les Turcs qui avaient commencé le combat, c'était plus en avant encore: un parti de francs tireurs croyant surprendre un poste venait d'être repoussé.

Cependant les troupes étaient en armes, prêtes à soutenir une attaque. — La nuit fut tranquille sauf une nouvelle alerte sans conséquence.

Ces combats de nuit sont terribles. — On ne se reconnaît plûs ; l'obscurité égare la raison, qui ne peut juger le danger. On voit des ennemis partout et toujours en grand nombre. On n'a pas confiance, car on sent que l'erreur vous guette et qu'un coup de feu tiré sur un homme peut tuer involontairement un ami.

23 avril. — A 8 h., après un mouvement de troupes sur notre gauche, le combat d'artillerie recommence plus violent que jamais. — Les Turcs ont placé pendant la nuit de nouvelles batteries, et ils lancent des obus de 90, tandis que les Grecs ne disposent que de canons de montagne plus une seule batterie de campagne.

Deux postes de secours avaient été placés l'un à droite, l'autre à gauche, et les médecins s'étaient divisés en deux groupes. J'étais à gauche, derrière une colline, tout près de la route, et nous disposions de quelques brancards ainsi que de trois voitures venues de Larissa pour emporter les blessés.

L'hôpital d'évacuation restait à Tournavos.

Les troupes s'étant déployées à gauche, nous eûmes bientôt du travail, car une batterie turque tirait de ce côté, cherchant à arrêter tout mouvement en avant.

Nous étions trois médecins secondés par dix ou douze infirmiers. — Les blessés une fois pansés étaient emportés de suite.

J'étais là depuis un moment, lorsqu'un officier à cheval vient me chercher de la part du capitaine pour voir des officiers atteints par un schrapnell, tout à fait sur la première ligne. — Au lieu de venir me prendre, il était bien plus naturel de porter ces blessés au poste de secours ; cependant j'obéis et je traverse la plaine pour rejoindre les troupes. — Le combat d'artillerie était alors dans son plein ; les obus, passant au-dessus du monticule qui abritait les soldats grecs, tombaient en arrière, sur le plateau que je traversais.

Presque à chaque pas j'en voyais éclater près de moi, et l'un d'eux, s'enfonçant dans les terres labourées, me couvrit de poussière.

J'arrivai enfin. — Un officier venait d'être tué dans des circonstances un peu spéciales : il s'était montré à droite du mamelon pour jeter un coup d'œil sur les positions turques. Deux autres de ses collègues l'avaient suivi.

A peine était-il là qu'un obus arrive, éclate au-dessus de lui, le tue et blesse ses deux compagnons. — Le capitaine me prie de rester près de lui pour le cas où quelque soldat de la légion serait blessé, ce qui était peu probable, puisque les projectiles ennemis ne pouvaient nous atteindre. — C'est ainsi que je n'ai rien eu à faire pendant tout le reste du jour. — Les blessés étaient de l'autre côté. — L'artillerie grecque maintient sa supériorité comme justesse de tir , mais deux batteries turques se font remarquer aussi par leur précision. — Les obus, qui n'éclataient pas la veille, éclatent presque tous aujourd'hui.

Dans les batteries grecques on pousse de temps à autre des exclamations, des « Syto », qui signifient que le coup a bien porté, démontant une pièce ou tuant des soldats.

A gauche, les troupes grecques s'avancent peu à

peu ; la fusillade s'engage avec l'infanterie turque, qui est à 1,200 mètres.

Cependant la journée semble terminée, et vers 6 h., les batteries grecques cessent le feu. On espérait voir les musulmans sortir des villages où ils étaient à couvert et descendre dans la plaine située devant nous ; mais ils évitent la réception qu'on leur préparait. Ils se contentent de nous envoyer quelques salves d'artillerie, avec des pièces de 90, dont les obus vont tomber tous ensemble à 6 ou 800 mèt. derrière nous, obligeant les réserves à changer de position et à se rapprocher de la première ligne.

La retraite.

Vers 7 heures, le capitaine réunit les officiers et donne des ordres pour le combat du lendemain. Il nous prévient aussi que les soldats doivent être prêts à marcher dans la nuit en vue de modifier nos positions. — Je vais trouver les autres médecins pour m'entendre avec eux au sujet de la disposition des formations sanitaires de l'avant.

Nous sommes assez nombreux, on dispose de caisses de pansements portées à dos de mulet, il y a des infirmiers et des brancards. Tout semble marcher admirablement bien, et personne ne redoute l'issue du combat.

A 7 h. 1/2, le Capitaine me rencontre et m'arrête : « Nous allons nous retirer en bon ordre, me dit-il, il doit s'être passé quelque chose de grave ; les Turcs sont beaucoup et menacent de nous tourner ». Puis il

s'éloigne pour avertir séparément chaque officier. —
En apprenant cette nouvelle j'ai senti des larmes me
monter aux yeux. Comment ! à la veille d'une bataille,
alors que nos positions sont excellentes et que l'on
espère remporter une victoire, on nous donne l'ordre
de nous retirer immédiatement !

J'ai compris qu'une grande faute se commettait et
j'ai entrevu les conséquences terribles de la retraite.
La distribution de quelques vivres est faite sur les
rangs, puis nous suivons les evzones sur la route de
Tournavos, éclairés au loin par un grand feu allumé
tout exprès.

Les soldats marchaient silencieux, ne fumant pas,
évitant de heurter les baïonnettes, croyant qu'ils
allaient prendre position plus en avant encore. J'étais
le dernier de la colonne pour recueillir ceux qui fai-
blissaient et les encourager à continuer la route; cependant, déjà avant d'arriver à Tournavos, deux légionnaires, grecs ou arméniens, résistant à mes paroles,
qu'ils ne comprenaient peut-être pas, étaient restés en
arrière, et j'avais dû les abandonner, n'ayant pas de
voitures pour les transporter. Lorsque nous fûmes au
village, les soldats, reprenant la route de Larissa, recon-
nurent qu'ils battaient en retraite, et un doute mêlé de
crainte pénétra leur esprit. — Le désordre commença
à se mettre dans les rangs, et c'est d'autant plus expli-
cable que sur une seule route se trouvaient entassés de
la cavalérie, de l'artillerie, de l'infanterie, des mulets
chargés de munitions, des charrettes de vivres, des
chariots emportant des familles de paysans attardés.
— On roulait comme un torrent vers Larissa.

Les soldats quittaient les rangs pour se faire un chemin au milieu de l'encombrement général. — Quelques-uns se hissèrent sur des voitures, espérant arriver plus vite, d'autres se répandirent dans la plaine, marchant isolément ou par petits groupes, cherchant simplement à suivre la masse noire qui s'allongeait au loin sur le chemin de Tournavos à Larissa.

Les hommes étaient fatigués, et la lassitude morale augmentait la dépression physique.

Un trouble profond régnait dans les esprits effrayés par cette retraite que rien ne justifiait. — La nuit était sombre, et, en jetant un regard en arrière, on apercevait distinctement les bivouacs des Turcs. Une poussière immense s'élevait de la route qu'elle enveloppait comme d'un nuage. — Le cahotement des chariots troublait seul le silence.

On marchait la tête basse heurtant à chaque pas d'énormes pierres qui sillonnaient le chemin, glissant dans les fossés, évitant d'être écrasé par une voiture ou renversé par un mulet. De temps en temps un homme endormi par le mouvement monotone de son cheval tombait à terre et ne se relevait plus, noyé dans la foule qui débordait maintenant de part et d'autre de la route.

Les heures passaient ; je marchais toujours avec deux ou trois hommes de la légion, interrogeant l'horizon, où aucune lueur ne nous donnait l'espérance d'être bientôt arrivés. La multitude, ne trouvant plus la route suffisante, flottait dans la plaine.

Des troupeaux de bœufs ou de moutons venaient encore compliquer la situation en gênant de plus en plus la marche.

J'avais rejoint les Allemands et les Italiens, et nous avions quitté la route où les voitures s'entassaient, s'immobilisant les unes les autres.

Il était minuit, la ville de Larissa était devant nous ; mais il y avait la rivière à traverser par un seul pont, ceux qu'on construisait avant notre départ n'ayant pas été achevés sans doute.

A ce moment, des coups de feu éclatent derrière nous vers la droite, rayant la nuit de lignes lumineuses. — Des cris de terreur arrivent jusqu'à nous, et tout-à-coup dans la plaine s'élance une trombe d'hommes et de chevaux qui courent à toute bride renversant tout sur leur passage.

Les mots : « cavalérie turque » retentissent de tous côtés. — Les conducteurs abandonnent leurs attelages et s'enfuient au hasard ; les voitures renversées roulent du haut de la route, qui est en remblai en ce point. — Des hommes sont écrasés. — C'est un tumulte indescriptible.

Et cependant les Turcs étaient loin ; cet ennemi que l'on croyait voir, c'était la cavalerie et l'artillerie grecque arrivant à fond de train de la frontière, effrayées par le bruit qu'elles faisaient et convaincues qu'elles étaient poursuivies par toutes les troupes d'Edem Pacha. — Tout cela avait duré quelques secondes et on eût dit qu'un ouragan gigantesque s'était abattu sur notre malheureuse armée. — Les soldats s'étaient dispersés, les malades eux-mêmes, qui se traînaient à peine, avaient retrouvé des forces dans l'épouvante qui étreignait tous les courages. — La route offrait un spectacle lamentable : les voitures brisées, des chevaux tués, des caisses de cartouches, des marmites, des ballots de linge formant un assemblage d'un aspect terrible. Et de dessous ces débris amoncelés, sortaient les cris des hommes écrasés, des blessés abandonnés.

C'était un tableau à jamais inoubliable.

Avec des difficultés immenses, en nous glissant entre les charrettes, passant sous le ventre des chevaux, nous atteignons le pont et nous entrons à Larissa.

L'armée en fuite avait fait 25 kilom. sans une halte et dans les conditions que je viens d'esquisser. Les hommes, démoralisés, morts de fatigue, se couchaient par terre, sans manteau, sans couverture, vaincus par les émotions de cette sinistre retraite.

24 avril 97. — J'ai passé la nuit blanche errant dans les rues de la ville, et, aux premières lueurs du jour, je me suis rendu à notre ancienne caserne. Là, les débris de la légion s'étaient réunis. Le capitaine vint à huit heures pour s'occuper de la réorganisation de sa compagnie, qui comptait alors 135 hommes présents.

Les troupes grecques se préparaient au départ, car le bruit courait qu'on allait évacuer Larissa et se replier en arrière. En effet, nous voyons successivement partir les divers régiments qui constituent l'armée de Thessalie.

A midi, je demande l'autorisation d'aller en ville pour essayer de trouver quelques provisions. J'étais avec un lieutenant italien qui avait les mêmes intentions. Tous les magasins étaient fermés, et c'est avec peine que nous achetons un pain de munition. Je rencontre un médecin avec lequel j'étais à Vrissis,

qui m'apprend que Larissa est abandonnée à la discré-
tion des Turcs et que l'armée entière se retire sur
Pharsale. Nous revenons aussitôt au quartier, et je
communique au capitaine les renseignements qui
m'ont été donnés. Il ignorait cette nouvelle décision
de l'état-major général.

Bientôt les derniers soldats s'éloignent et la légion
reste seule à attendre. Quoi ? Des ordres qui ne viennent pas.

A l'horizon, on commence à apercevoir un nuage de
fumée et nous n'hésitons pas à croire que ce sont les
Turcs qui ont mis le feu à un village et s'avancent sans
rencontrer d'obstacles. L'impatience se manifeste
parmi les hommes qui se rendent compte de la situation de la légion, Le capitaine va lui-même à Larissa
pour savoir ce qu'il a à faire ; mais il revient en nous
disant qu'il n'a trouvé personne et qu'à notre tour
nous allons nous retirer.—Nous étions abandonnés. Le
lieutenant prend la direction d'un groupe qui se rend
à la station, d'où un train allait partir. Nous arrivons.
Des wagons de marchandises étaient déjà bondés de
monde. Les habitants, maintenant sans défense, se
sauvaient vers Volo. Quelques-uns emportaient des
caisses, des malles; mais, en général, c'étaient les familles
seules qui fuyaient. Les toitures des voitures étaient
garnies de gens de tout âge qui se tenaient là accro-
chés les uns aux autres. Tous regardaient anxieuse-
ment si le train arrivait. La frayeur se lisait sur les
figures pâlies par l'émotion. Enfin, un coup de sifflet
retentit, et la locomotive entre dans la gare. En un
instant, les wagons sont pris d'assaut. De nombreux

soldats, des officiers, se font une place, repoussant par la force les malheureux habitants.

La légion n'avait pas bougé jusque-là, renonçant avec calme à partir par le train, afin de permettre aux vieillards, aux enfants et aux femmes de se mettre en sûreté. A la vue des officiers et soldats qui allaient fuir, abandonnant les gens qu'ils devaient protéger, les sentiments généreux se révoltent contre cet égoïsme. On oublie qu'on est soldat, pour ne se souvenir que des devoirs de l'homme d'honneur. Les baïonnettes placées au canon des fusils, les légionnaires se précipitent sur le train et forcent les militaires à descendre et à céder leur place au pauvre peuple victime de notre honteuse retraite. Le lieutenant grec, au premier rang, ordonnait aux soldats de quitter le train et aidait à transporter de pauvres femmes infirmes, qui sans cela seraient restées sur le trottoir de la gare. Jusque-là c'était bien; mais la violence va trop loin, et lorsque la locomotive se fut mise en marche, il y eut à regretter les coups de fusils tirés sur les lâches que la peur avait cloués dans le train. Pour ma part, je suis heureux d'avoir pu désarmer deux ou trois soldats prêts à faire feu. Plusieurs légionnaires, montant à contre-voie, fuyaient aussi.

Voilà un épisode qui contient son éloge et sa critique en lui-même.

Il fallait songer à se retirer, car, d'après quelques mots vagues, les Turcs n'étaient pas loin. C'est à ce moment que je pris la direction de la marche, ayant comme but les groupes de troupes grecques qui se voyaient vers notre droite.—Puisque nous ne connaissions pas la route, le plus simple était de rallier, si c'était possible, un autre corps avec lequel nous aurions marché du côté de Pharsale.

Chacun comprenait le danger que nous courions si, ce qui était très vraisemblable, les Turcs s'avançaient, mais chacun était prêt à se défendre énergiquement.
— Un seul était complètement démoralisé. Il souffrait aussi certainement, et cependant ses supplications étaient vaines. — « Que voulez-vous, lui disais-je, il faut faire un effort, car il est impossible de vous porter. —Le fossé servira de tombeau à celui qui s'arrêtera».
— Soutenu par ses camarades, il continua à marcher et la crise se calma peu à peu. Mes pieds, abimés par la marche forcée de la veille, me faisaient un mal horrible ; de plus, j'étais épuisé par le manque de sommeil et de nourriture. L'étudiant russe m'offrit son bras, que j'acceptai, et je pus ainsi atteindre un village où l'on fit halte.

Le lieutenant grec nous avait rejoints et commandait la colonne.

Après une heure de repos, on reprit la marche.

Partout des collines, des plaines, des villages abandonnés, des troupeaux se dirigeant vers Pharsale, de vastes charrettes emportant des familles entières.

On avait l'illusion qu'on se trouvait à vingt siècles en arrière, au moment d'une invasion. Ces lourds chariots, aux roues formées de planches assemblées grossièrement, attelés simplement de deux bœufs énormes, la tête passée dans un espèce de collier de bois, ces costumes bizarres aux couleurs variées, rappelaient les temps primitifs de la Grèce.

Vers le soir, nous rencontrons tout près de la route une grande maison où nous entrons. Les toits sont tellement bas qu'il faut baisser la tête ou s'asseoir. Il n'y a pas de fenêtres. — Sur le pavé se trouvent des nattes, puis, dans un coin, une quantité de minces matelas, de couvertures ressemblant à des tapis, d'oreillers plus ou moins durs. — On allume une lampe et on examine le local. D'abord, une propreté et un ordre parfaits. — De la vaisselle est placée sur des étagères ; il y a des verres, des couverts de fer. La maison doit avoir été abandonnée il y a quelques heures, à peine. La position, au point de vue militaire, était excellente. — On dominait le chemin, que l'on pouvait surveiller facilement au loin ; de plus, notre campement ne permettait pas l'accès de la cavalerie ; enfin nous apercevions des troupes grecques bivouaquant dans la vallée. Nous espérions profiter de cet abri pour nous reposer et dormir ; mais le lieutenant italien ne se crut pas en sûreté et préféra s'éloigner encore.

Le lieutenant grec, qui serait resté volontiers comme nous le désirions, décida alors qu'après avoir dîné, nous abandonnerions notre hôtel pour coucher en plein air, risquant moins ainsi d'être surpris par les Turcs, qu'on croyait à nos trousses. On fait du feu. — Pendant la route, on avait ramassé des poulets, des canards, des oies, et on convient de préparer du bouillon. — Et quel bouillon !

Tous ces volatiles, à moitié plumés, avaient été jetés dans une marmite, et après une demi-heure de cuisson, la faim pressant le cuisinier, on nous avait servi cet infâme repas. — Cette eau sale bouillie, sans

sel, sans poivre, sans assaisonnement d'aucune sorte,
c'était le potage. — La viande, dure, coriace, insipide,
constituait le plat principal. — Et dire qu'il y en a qui
ont trouvé ce dîner excellent ! — Si nous avions eu du
pain au moins ! — A 9 heures, nous partons, emportant
des couvertures ou des peaux d'agneaux qui nous pro-
tègeront cette nuit, et avec de grandes précautions
nous allons nous coucher dans un champ de blé. — Il
faisait un froid glacial, et cependant j'ai dormi deux
heures, abrité avec le lieutenant sous une même peau
de chèvre.

A 1 heure du matin, le dimanche, on se lève sans
bruit et on reprend un petit sentier, bordé de marais,
dans lequel les grenouilles paraissaient nombreuses,
car leur chant harmonieux nous avait bercés toute la
nuit.

25 *avril* 1897. — Nous marchons longtemps dans la
plaine, rencontrant des postes grecs encore endormis
autour d'un grand feu. — Il fait froid ; nous n'avons
rien mangé, une lassitude immense pèse sur nous. —
La route est longue, et le jour vient avant que nous
ayons rencontré un village. Enfin, à 6 heures, un groupement de maisons se montre au loin. — Cette vue nous
donne quelques forces, et nous nous hâtons, avides
de repos. — Qu'importe le nom du village. Comme
tous les autres, il est abandonné ; mais des soldats ont
ouvert la porte des maisons et nous pouvons nous
mettre à l'abri du soleil qui se lève et commence à
nous inonder de rayons brûlants.

Quelques légionnaires courent à la recherche de

vivres, et bientôt on apporte du lait, des poulets, de
l'eau. — Le sel manque toujours et le pain aussi. — En
quelques minutes le feu brille ; un four est allumé, et,
au milieu d'une fumée épaisse, nos provisions sont vite
suffisamment cuites pour nos appétits féroces. — A
8 heures nous repartons, réconfortés un peu, mais à
9 h. 1/2 une nouvelle pause est nécessaire, car nous
nous égrenons sur la route et notre file s'allonge de
minute en minute. — Encore trois heures de marche
nous dit-on. Alors on décide de s'arrêter et d'attendre
que la chaleur soit tombée. — Un village est là à droite
de la route. — Nous y entrons. — Il est occupé par
des soldats de l'armée régulière, restés en arrière pour
mettre en sûreté ce que les paysans n'ont pu emporter!
— Quand les Turcs viendront, ils n'auront pas grand
chose à prendre !

Puisqu'on s'arrête, il faut manger. Telle est la formule de quelques-uns bientôt mise en pratique. Il y a,
dans toutes les maisons, des œufs durs en quantité. —
Ils sont presque tous colorés en rouge, et leur présence
s'explique par ce fait que nous sommes à la période de
Pâques (onze jours après nous dans la religion ortho-
doxe). — Notre repas ne vaut pas mieux que les autres,
et cette chair crue et enfumée révolte l'estomac. —
Une salade de jaunes d'œuf et d'oignons mérite des
éloges, quoiqu'il y manquât et le vinaigre et l'huile.

L'impatience d'arriver nous fait quitter notre campement à 2 h. 1/2. Quelle chaleur !

La route était couverte de trainards tirant de temps
en temps des coups de fusil en l'air en l'honneur du
grand jour de Pâques, nous dit-on. — Des chariots

brisés gisaient sur les bords du chemin; des troupeaux nombreux sillonnaient la campagne.

Combien nous avons souffert ce jour-là ! !

Enfin, à 5 h. 1/2, nous arrivons à la gare de Pharsale sur la ligne de Volo à Trikala. La légion était campée par terre près d'une maison vide. — On m'offre un peu de fromage et un morceau de pain que je prends avec empressement. Un lieutenant d'artillerie m'invite ainsi qu'un officier italien à aller avec lui en ville, où il nous trouvera un abri. J'étais tellement fatigué que je refuse, lui disant qu'il m'est impossible de marcher jusqu'à la ville, encore éloignée de 2 kilom. environ.

L'officier avait deux chevaux et il m'engage à monter sur l'un et à le suivre. Nous partons tous les deux, tandis que les autres venant à pied devaient nous rejoindre plus tard. Il était convenu que nous dinerions ensemble.— Mon cheval, ancien cheval de fiacre, n'était pas fameux ; mais il me portait, c'était l'essentiel. — Nous marchions dans la plaine, au milieu des batteries, parquées en avant de Pharsale, et je me laissais conduire, car il faisait noir et le terrain, très accidenté, m'était absolument inconnu. Mon compagnon cherchait ses hommes pour leur demander les couvertures et le pain qu'il nous destinait. Nous prenons ensuite un petit chemin qui nous mène à Pharsale. — La ville était pleine de soldats se traînant dans les rues en quête de nourriture, mais tous les magasins étaient fermés, et l'on ne pouvait rien acheter. Devant la porte d'un café nous retrouvons nos camarades, et immédiatement nous déballons nos provisions.

Du pain, de l'eau, un morceau d'agneau roti emporté dans un journal, un peu de fromage. — Le repas est rapidement terminé, et, chacun portant sa couverture, nous allons rejoindre notre domicile. Après avoir monté un escalier en forme d'échelle, nous nous trouvons dans une petite chambre sans fenêtres, sans meubles, presque sans plafond. — C'est là que bientôt après nous nous endormons d'un profond sommeil.

26. — Au matin, nous rentrons au campement. — La légion s'est éparpillée au hasard de la retraite. — Il y a des soldals à Volo, dans les villages voisins, sur les routes.

L'effectif est réduit de moitié. Le moral subit le contre-coup des souffrances physiques.

Aujourd'hui, il est humainement impossible de nous faire marcher. — Les hommes sont malades, éreintés. — On lit, sur les figures bronzées par un soleil de feu, l'expression de la douleur et du découragement. Les quelques paroles que l'on échange, sont pour se demander ce que l'on compte faire. Il y en a qui réclament le repos et désirent rentrer à Athènes. — Ils ont tout laissé en chemin, leurs armes, leurs munitions. — Ils oublient leurs engagements et sont terrassés sans espoir de retrouver la confiance dans le dévouement.

Pour moi, j'ai perdu mon enthousiasme, — La grande idée, que je voulais servir, s'est envolée, honteuse d'être souillée par des compromissions plus ou moins tortueuses. Quel rôle nous fait-on jouer dans cette comédie gouvernementale?

Nous sommes dans une situation très pénible. Sans

couverture, sans manteau, sans linge, sans nourriture fixe, vivant presque exclusivement de maraude. — On va demander un peu de nourriture à un groupe de soldats qui fait rôtir un poulet ou un agneau, et on est heureux d'obtenir un morceau de cette chair sanguinolente, insipide, déchiquetée avec un sabre ou une baïonnette. On se soutient ainsi pour ne pas mourir d'inanition.

Les nuits sont glaciales, les journées brûlantes.

Les troupes grecques ont moins souffert que nous, car les hommes sont habitués à ce régime; mais la démoralisation est grande depuis la dernière retraite, que l'on ne comprend pas. Les hypothèses se choquent et se multiplient, et la vérité reste cachée au fond de ce chaos où règne la confusion la plus complète.— Cependant on ne peut rester ainsi, sans abri, sans soins, sans but! — Que veut-on faire maintenant? Les officiers s'interrogent. Personne ne sait rien.

27 avril. — Comme toujours, nuit au grand air, par un temps froid et humide. — On se réveille glacé, endolori, incapable de se mouvoir. — Le matin, les troupes se dispersent pour prendre, paraît-il, des positions de combat. — Les trains militaires se succèdent, se dirigeant vers Volo.

Va-t-on nous laisser seuls ici, comme à Larissa?

Volo, 3o. — J'ai pu quitter Pharsale pour me rendre à Volo, afin d'acheter des effets et des médicaments. — La ville est calme, grâce à la présence de vaisseaux de guerre étrangers, aussi peut-on se procurer le nécessaire.

Il faut que je rentre de suite pour être à mon poste, prêt à tout événement. Aussi je m'empresse de retourner à la gare, afin de partir par le premier train. — Il y avait avec moi trois ou quatre soldats de la légion qui rejoignaient leur corps. Nous partons ; mais, arrivés à la hauteur de Valestino, la canonnade, que l'on entendait de Volo, redouble d'intensité, et les obus, tombant sur la voie, obligent le train à s'arrêter. — Déjà, la veille au soir, les Turcs avaient essayé d'enlever le village et surtout la station de chemin de fer, point stratégique de la première importance. Ils avaient été repoussés. Aujourd'hui ils revenaient en force, et un combat acharné se livrait à droite de la ligne, dans les vallons et sur les collines qui sillonnent la région. — Tout le monde descend du train et on se porte du côté du champ de bataille.

Je marchais dans cette direction, espérant être utile, et, en effet, les blessés commençaient à affluer. Le train arrêté dans la plaine sert d'ambulance, où un premier pansement est fait, puis je reçois l'ordre de ramener le convoi à Volo, où sont les hôpitaux d'évacuation. En arrivant à la gare, je ne trouve ni brancards ni voitures et suis obligé d'employer les portes des maisons en guise de civière pour transporter mes blessés à travers la ville, jusqu'à l'ambulance de la Croix Rouge, où ils sont reçus. — Comme il n'y avait qu'un seul médecin, j'offre mes services, qui sont acceptés avec empressement. — L'hôpital était installé dans une magnifique villa, mise gracieusement à la disposition de la Croix Rouge Hellénique. — Le personnel médical, assez nombreux au début, s'était réduit, grâce à la panique qui avait régné à Volo quelques jours avant, et consistait seulement en une demoiselle docteur de la Faculté de Paris et un jeune docteur de la Faculté de Lyon.

Des dames, des jeunes filles d'Athènes et deux étudiantes assuraient le service des blessés, aidées par des infirmiers improvisés. — Les malades étaient isolés par groupes de cinq ou six ; il y avait une salle d'opération bien organisée, et on disposait d'un grand approvisionnement de matériel et de pansements.

Une propreté admirable règnait partout. — Les blessés, changés de linge, furent placés dans d'excellents lits en fer, ils furent pansés et opérés d'après tous les principes de l'antisepsie et de la chirurgie moderne.

Le chloroforme, largement employé pour tous les grands pansements, pour la moindre opération, permettait d'installer de bons appareils inamovibles. — La nourriture était excellente, de la meilleure qualité, et les petites douceurs si chères aux malades étaient distribuées sans compter. — Telle est, en quelques mots, la formation sanitaire où je suis resté deux jours. La société de la Croix Rouge, qui, en France, ne jouera qu'un rôle secondaire, a été, en Grèce, le seul service de santé réellement organisé et en mesure de tout bien faire.

En effet, en pleine ville de Volo, il y avait cinq ou six tentes sous lesquelles les blessés des ambulances militaires attendaient leur transfert à Athènes — Quelle différence entre l'initiative privée et l'organisation officielle ! D'un côté on trouvait tout, de l'autre on ne trouvait rien, sauf la bonne volonté, trop souvent impuissante.

Et ce qui prouve ce que j'avance, c'est que, pendant mon séjour à Volo, les médecins militaires demandèrent à opérer leurs blessés dans la salle d'opération de l'hôpital de la Croix Rouge.

Comment! ils n'avaient donc pas de quoi opérer leurs malades? — On refusa, comme de juste, car il était impossible de laisser l'autorité militaire prendre pied dans une installation privée.

PHARSALE — LE COMBAT — LA RETRAITE

3 mai. — Les Turcs ont renoncé, pour l'instant du moins, à enlever Valestino ; aussi la voie est-elle libre, et je puis rentrer à Pharsale.

La légion n'était plus là, elle s'était portée à l'extrême gauche pour faire le service d'avant-garde. — Après deux heures de marche j'arrive au village d'Idriskioi, où je retrouve mes camarades. Puisque j'ai assisté au premier combat de Valestino, je suis interrogé par tous, avides de nouvelles, et l'on est enchanté d'apprendre que l'attaque a été repoussée. On pense généralement que ce succès permettra à l'armée de Pharsale de reprendre l'offensive et l'on renaît à l'espérance d'une grande bataille décisive. — Le capitaine me dit: « je suis heureux de voir que pendant notre inaction vous vous rendiez utile ; moi aussi j'ai tenu à faire quelque chose et j'ai obtenu de conduire la légion aux avant-postes pour surveiller la marche des Turcs. — Nous veillons sur la tranquillité de l'armée. »

Des evzones sont venus prévenir que sur la route Larissa-Pharsale se trouvait un gros canon Krupp, abandonné par les Grecs pendant la retraite et négligé par les patrouilles turques. — Immédiatement, le capitaine envoie demander des chevaux et décide d'aller reprendre la pièce.

Il donne l'ordre de se tenir prêt, et, dès que le jour commence à baisser on part joyeux pour cette équipée qui peut être dramatique.

Toutes les précautions sont prises pour éviter d'être surpris, et c'est sans avoir à tirer un coup de fusil que l'on reprend la pièce d'artillerie, qui est ramenée à bras, car les chevaux demandés n'ont pas été envoyés de Pharsale.

A dix heures, rentrée triomphale dans le village.

Le lendemain matin, des artilleurs grecs venaient reprendre leur canon, pièce de siège de 105, en parfait état de service.

4 mai. — Les nouvelles générales sont excellentes, et on va jusqu'à dire qu'après l'échec de Valestino les troupes turques auraient commencé à évacuer la Thessalie pour rentrer en Macédoine. — On parle même de l'intervention des puissances.

Tout cela ne signifie rien, et il faut se méfier de ces hypothèses gratuites.

La légion est dans un état d'esprit déplorable.

Les hommes sont fatigués, malades et ne s'expliquent pas l'inaction dans laquelle on les tient. On a perdu toute confiance en la bonne cause, et l'on a la vague intuition qu'on est acteur dans une comédie montée

par le gouvernement. — Dans quelques jours la légion
va se dissocier certainement, et déjà aujourd'hui deux
volontaires de la section française ont réclamé du
capitaine l'autorisation de partir.

Il est évident que, si l'état major général ne veut
rien faire, il est plus simple de nous renvoyer, car on
souffre beaucoup inutilement.

Le capitaine, secondé par le lieutenant, montre un
grand dévouement à la légion. Il fait acheter des
agneaux, il défend la maraude, exigeant que l'on paye
et remboursant lui-même les dépenses faites par les
soldats. Dans le village il y a une épicerie dont le maître est parti, laissant un employé pour vendre tout ce
qui reste. — Il y a du sucre, du sel, des loukoums, de
l'alcool. — Quelques tasses de café sont mises en
réserve.

Cette après-midi, le capitaine a fait abattre un jeune
veau, qui a coûté environ 5o fr., ce qui n'est pas cher.
— Cette viande changera un peu l'ordinaire par trop
monotone. — Quelques morceaux sont cuits pour le
repas du soir ; et on garde la plus grande partie pour
le lendemain.

5 mai. — Nous couchons toujours par terre, parta-
geant à trois une couverture ; mais il fait moins froid
qu'à Pharsale, et nous sommes ici beaucoup moins
mal. Le matin, dès la première heure, les marmites
ont été placées sur un immense brasier, pour procé-
der à la confection d'un ragoût, suivant les règles de
l'art.

Les légionnaires, réunis autour du foyer, suivaient

avec bienveillance les progrès de la cuisson. — Quel régal on allait leur servir ! car on avait le luxe, depuis longtemps inconnu, de disposer de graisse un peu jaune, ce qui parut sans importance, et surtout de sel. Quelques légumes, récoltés dans les jardins abandonnés, bouillaient aussi et donnaient un arome tout particulier.

Le lieutenant B... et moi, nous nous étions procuré, en payant fort cher, 3o œufs, 3 litres de lait et du sucre. J'avais préparé, avec des pierres, un petit fourneau qui fut garni de charbon de bois trouvé dans une maison. — Il était dans notre intention de fabriquer de la crème et d'offrir ce plat exceptionnel à tous les officiers ; mais nous n'avions pas de casserole, et c'est avec peine que je pus me procurer une grande boîte de fer blanc qui avait contenu du pétrole. — Crème au pétrole, comme parfum, ce n'était pas pratique ; cependant, après y avoir fait bouillir de l'eau, l'odeur ne se percevant presque plus, j'allais commencer la cuisine, lorsqu'on vint me chercher en me disant qu'on signalait les Turcs dans le voisinage : on ajoutait que les renseignements étaient encore peu certains. Il fallait marcher ; seulement, comme j'espérais revenir, je fis ajouter un supplément de charbon dans le foyer, j'enfermai les provisions dans une chambre et j'emportai la clé[1]. La légion allait partir. — La marmite restait en place sous la garde du cuisinier, auquel on recommandait de surveiller avec soin le fameux ragoût qui répondait aux désirs de tous les

[1] J'ai été obligé de la garder et elle est revenue avec moi en France.

estomacs affamés. — Personne ne croyait à une attaque. — Une simple patrouille qui fuierait à notre approche. — N'avait-on pas dit, la veille, que l'ennemi était loin et en train d'évacuer Larissa ?

Gaiement on quitte le village et on se porte sur les hauteurs qui se trouvent à notre droite. — On était 5 ou 600 avec les evzones. — Bientôt on aperçoit au loin des colonnes de cavalerie, d'infanterie, d'artillerie, s'avançant en bon ordre à travers les collines qui s'étendent vers Larissa. — Les Turcs semblent avoir pour objectif le village, et notre présence ne paraît pas les impressionner le moins du monde. — Arrivés à une assez grande distance, nous les voyons très bien placer quelques pièces en batterie, puis, à titre de renseignements, ils commencent à nous envoyer des obus. — Il ne fallait pas songer à leur répondre par des feux de salve; aussi les officiers, se rendant compte que notre position n'était pas tenable contre des forces d'une supériorité écrasante, décidèrent de se retirer, en longeant les montagnes du côté du centre, où, selon toute prévision, il y avait des troupes et de l'artillerie grecques. Nous évacuons alors le village sur lequel tombaient les obus, et les hommes s'éloignent, jetant un morne regard vers la marmite qui bouillait toujours et qu'on ne devait plus revoir. — Je marchais en tête de la colonne, et l'on allait d'un bon pas, car il n'y avait pas un moment à perdre; les Turcs ne pouvant tarder à s'apercevoir de notre retraite, nous risquions d'être pris à revers. En attendant, ils continuaient à canonner Edriskioi, où il ne restait plus personne.

A 3 heures, arrivés en face de Pharsale, une fusillade très vive éclate. — Ce sont les avant-postes de Tekke qui sont attaqués à leur tour. Le capitaine arrête la légion et se prépare à prendre part au combat.

Voici, en peu de mots, la description du pays : Devant nous, une série de collines échelonnées, au milieu desquelles est situé le village de Tekke. — A droite, la chaîne montagneuse se continuait au loin, tandis qu'à notre gauche elle s'abaissait vers Edriskioi. — A droite encore et à 2 ou 300 mètres de nous, le village de Tatari et la route de Larissa. — En arrière, au premier plan, la plaine de Pharsale traversée par la rivière Kutchuk-Tchanarly, affluent du Peneus et la ligne de chemin de fer Volo-Valestino-Kalabaka ; au second plan, des montagnes élevées s'étendant du côté de Valestino à droite, interrompues à gauche par la seule voie de communication Pharsale-Dhomokos. — La ville, quartier général de l'armée de Thessalie, se voyait à environ 4 kilom., légèrement élevée au-dessus de la belle plaine, illustrée par la victoire de César.

Les troupes qui occupaient Tekke, aux prises avec des forces très supérieures en nombre, se retiraient, reculant de colline en colline, couvrant de feu les masses turques, qui avançaient toujours.

Le capitaine avait disposé la légion à gauche de Tatari, prêt à arrêter l'ennemi qui se déployait, formant un arc de cercle dont nous devenions le centre. Les batteries turques se multipliaient comme par enchantement, les obus tombaient de tous côtés, le village de Tekke n'était plus qu'un immense brasier dans un tourbillon de fumée blanchâtre.

L'ennemi gagnait du terrain, poussant devant lui des pièces de canon, dont le feu devint terrible.

La légion entra bientôt en scène par des feux de salve à 1200 mèt. d'abord, auxquels les Turcs répondirent par des obus qui couvraient de fer tout le terrain jusque dans la plaine. La situation était grave. Les troupes turques couronnaient les hauteurs, et leur artillerie tirait à toute volée.

La légion, quelques réguliers, les evzones, résistaient énergiquement, 1800 hommes environ, se repliant lentement sur le village de Tatari, où le combat redoubla d'intensité. — Les Turcs, marchant en colonnes serrées, attaquent le village, malgré un feu très vif qui ne peut les arrêter. — Le nombre l'emporte à la fin, car les Grecs n'avaient pas un canon pour répondre à l'artillerie turque. Alors on se retire dans la plaine, et sous la protection d'un cordon de tirailleurs on reprend lentement le chemin de Pharsale.

Quelques minutes avant, une batterie grecque était venue se placer dans la plaine, et, après avoir tiré deux coups de canon, elle était rentrée au petit trot.

Au début de l'action, j'étais un peu en arrière de la ligne de feu. — Le médecin qui accompagnait les evzones était parti pour Pharsale, et j'étais seul, sans brancards, sans voitures, sans aides, ayant à peine de quoi faire deux ou trois pansements.

Les balles pleuvaient autour de moi ; les obus lancés dans la plaine pour empêcher la retraite éclataient à mes côtés, et c'est alors que mon képi, percé de part

en part, tomba à terre.—Je comprenais que je ne pouvais rien pour les blessés, qu'il fallait emporter immédiatement et éloigner de la zone dangereuse, qui s'éten-
dait de minute en minute.

La situation morale de celui qui reste là, les bras
croisés, n'ayant pas le droit de se battre, ni le pouvoir
de suppléer à tout; qui connait son devoir et ne peut
le remplir, est autrement pénible que celle du soldat
qui se grise dans la chaleur de l'action par l'odeur de
la poudre et du sang. Je me suis retiré, pansant l'un,
soutenant l'autre, et je suis rentré à Pharsale, espérant
trouver là une ambulance, un hôpital, où les blessés
qui arrivaient portés par leurs camarades recevraient
les soins que nécessitait leur état. «Nous n'avons plus
rien, me dit le médecin en chef, tout a été envoyé à
Dhomokos», et, comme j'insistais, réclamant un local
quelconque et faisant valoir que j'avais les éléments
nécessaires à quelques pansements, on me conduisit
dans une maison, où je m'empressai d'établir deux ou
trois appareils. — Je ne pus continuer, car je reçus
l'ordre d'expédier immédiatement mes blessés. « Si
vous attendez, me dit le médecin directeur, vous êtes
prisonnier dans cinq minutes».

Alors les blessés tout sanglants furent hissés sur
d'horribles tombereaux, et on les emporta par des
routes ignobles vers Dhomokos, à plus de 4o kilom —
J'accompagnais le convoi avec un sac dans lequel
j'avais placé à la hâte du coton, des bandes, de la
gaze, etc.— Une syncope, une hémorrhagie, pouvaient
survenir pendant ce terrible voyage et on ne devait
point abandonner complètement ces malheureux. Je

suivais à pied. Sur la route les obus tombaient déjà. —
Les Turcs, descendus dans la plaine, avaient placé deux
batteries qui tiraient dans le défilé, seul passage prati-
cable aux voitures. — Deux batteries grecques se dis-
posaient à répondre. — A chaque pas nous rencontrions
des blessés ; mais les paysans qui conduisaient les
charrettes, peu habitués à marcher sous le feu, terrifiés
par la crainte d'être tués, refusaient de s'arrêter malgré
mes ordres et fuyaient sans entendre les cris de désespoir qui dominaient parfois la sinistre voix du canon.
— J'ai vu des soldats, la jambe brisée, se traînant,
appuyés sur leur fusil, implorer en vain des secours
que je ne pouvais leur donner. — L'égoïsme, la soif de
vivre, étouffaient tous les sentiments généreux. — Les
chariots, dégouttants de sang, se précipitaient les uns
sur les autres, les conducteurs fous d'épouvante cher-
chaient à s'éloigner au plus vite, sans égards pour les
pauvres blessés, dont les gémissements ne pouvaient
plus les émouvoir. — Comment décrire les impressions
désespérantes de ce voyage? — Je laisse aux personnes
de cœur le soin de les comprendre, et je me contente
de dire que, partis de Pharsale à 5 heures du soir, nous
arrivâmes à Dhomokos vers 5 heures du matin, et dans
quel état ! — Le corps ne vivait plus. — Les forces
physiques étaient anéanties, et la volonté seule soutenait l'organisme défaillant. — J'étais brisé, mort de
fatigue, mais toujours debout, faisant, malgré tout, des
réflexions amères sur le rôle joué par le gouvernement
dans l'organisation de cette guerre. — Quelle peine
pourrait-on inventer pour punir ceux qui, de gaieté de
cœur, sacrifient un pays à leurs intérêts de famille ?

Passons et laissons au temps le soin d'établir les responsabilités.

Dhomokos, 6. — Je reste à l'hôpital, qui est installé d'une façon insuffisante. Les blessés sont couchés par terre sur des couvertures, car il n'y a pas de lits. Le personnel est assez nombreux et les médecins montrent beaucoup de dévouement, seulement le matériel fait défaut, aussi faut-il expédier les malades plus loin, afin qu'ils soient embarqués pour Athènes. Dhomokos est une position très forte de front; malheureusement, elle semble pouvoir être tournée facilement et elle perd ainsi toute sa valeur. — J'apprends que l'armée se retire, abandonnant Pharsale sans combat. Tiendra-t-elle ici ? J'en doute.

7. — Départ pour Lamia. Je suis décidé à rentrer à Athènes ; ne pouvant plus me traîner à la suite d'un corps de troupe, je tâcherai de me faire placer dans une formation sanitaire fixe, où je continuerai à être utile.

Nous arrivons à Lamia le soir vers 7 heures. La route suivie s'élève sur les monts Othrys, qui constituent une admirable ligne de défense. Il faut monter pendant trois ou quatre heures par un chemin en lacets, suspendu au bord de précipices dont la hauteur donne le vertige. De là-haut la vue est magnifique et s'étend dans un rayon immense. Nous rencontrons toujours des chariots, dont le groupement forme des villages entiers.

Lamia, 8. — La ville est assez agréable ; mais le pays

est marécageux. L'hôpital ne vaut guère mieux que celui de Dhomokos, et les malades sont emportés par chemin de fer jusqu'à Stylis, port d'embarquement pour le Pirée.

On annonce la prise de Volo, ce qui est la conséquence de la retraite de Dhomokos. Le colonel Smolenski se retire sur Halmiros, pour se rapprocher de l'armée du prince héritier.

— Je crois que le dénouement n'est pas loin.

La Grèce est désorganisée; son armée a perdu la confiance et ne peut plus combattre utilement.

La Thessalie est entre les mains des Turcs, qui marchent sûrement, sans hésitation. On a abandonné toutes les lignes de défense, et Athènes est à la disposition d'Edem-Pacha. La paix s'impose, immédiate et définitive; d'ailleurs on parle encore de l'intervention des grandes puissances, et c'est là que se trouve la solution.

9 *mai.* — *Stylis.* — Embarquement des blessés sur le navire *Epeiros,* organisé par la Croix-Rouge pour ce service spécial. Là, on retrouve le bien-être et les soins utilement donnés.

10. — Arrivée au Pirée et retour à Athènes. Enfin, je puis me reposer, changer de vêtements, me nourrir. J'écris au Ministre de la Guerre, pour le prévenir de mon arrivée, lui demandant un autre poste.

11. — J'ai dormi seize heures de suite, et je crois que jamais cela ne m'était arrivé ; mais aussi j'avais à me rattraper.

Je me suis présenté au Ministère pour soutenir verbalement la demande formulée dans ma lettre. L'aide de camp m'a répondu qu'on prenait note de mon désir et que je n'avais qu'à attendre des ordres.

J'ai besoin de me remettre un peu ; mais je ne considère point ma campagne comme terminée et je veux servir jusqu'au bout. — Je ne suis pas exigeant, puisque je réclame une place dans une formation quelconque pourvu qu'elle soit relativement fixe, car réellement je ne puis plus marcher, tellement je souffre. J'espère que tout cependant va se terminer bientôt, à moins de voir les Turcs au pied de l'Acropole. Les journaux disent qu'Edem-Pacha se prépare à attaquer Dhomokos. Le prince Constantin a lancé une proclamation aux troupes, leur disant qu'on ne reculerait plus et même que bientôt on marcherait en avant. — Je crains que ce ne soient de vaines paroles. Nous serons fixés dans peu de jours.

12. — La médiation proposée par l'Europe est acceptée par la Grèce ; donc la guerre est finie, et c'est un bonheur pour le pays.

J'ai visité les blessés, qui sont soignés dans des hôpitaux improvisés, où ils trouvent tout ce qui peut leur être nécessaire. — En général, les blessures sont peu graves et n'entraîneront pas de suites fâcheuses.

14. — J'attends des ordres qui ne viennent pas, et la formule de la fin semble la même que celle du début : Attendre.

17. — Les Turcs, qui n'avaient point répondu à la demande d'armistice, ont attaqué Dhomokos et leurs

efforts ont porté sur les flancs de la position, qui tombe
ainsi d'elle-même. L'armée va se retirer de nouveau,
cherchant une autre ligne de défense et ainsi de suite
jusqu'à Athènes, pour peu que cette manœuvre continue. — Il y a l'Othrys, où l'on peut tenir longtemps
avant de jeter les yeux sur les Thermopyles, qui n'ont
plus qu'une valeur historique.

18. — L'armée grecque recule sur Lamia. Notre
capitaine, blessé à mort pendant qu'il soutenait la
retraite, a succombé quelques heures après, et son
corps a été enterré sous un arbre au bord du chemin.
— C'était un excellent officier, jeune, instruit, coura-
geux. La Grèce a perdu un homme sur lequel elle
pouvait compter. — La légion a été fort éprouvée et
les Garibaldiens aussi. Ces deux corps formaient l'ar-
rière-garde avec les Evzones et ont eu à se défendre
contre des forces turques toujours beaucoup plus
nombreuses. — Enfin on affirme aujourd'hui que des
ordres ont été envoyés à Edem Pacha pour arrêter sa
marche sur Lamia.

22. — Je ne reçois aucun ordre, et la paix est à la
veille d'être signée. — Je vais rentrer en France et je
partirai sans doute dimanche. — J'adresse au ministre
ma démission, en lui faisant remarquer qu'il ne m'est
plus possible d'attendre inutilement à Athènes, alors
que des raisons multiples me rappellent dans ma patrie.

J'ai rendu tout ce qu'on m'avait donné au départ :
armes, munitions, instruments de chirurgie, et je re-
prends ma liberté, ayant vécu toujours à mes frais et
ne demandant rien à personne.

RÉFLEXIONS GÉNÉRALES

L'esprit pénétré des vieux souvenirs de l'histoire héroïque de la Grèce, le cœur ému par la lecture des belles pages écrites en l'honneur du noble soulèvement, de 1821, la jeunesse ne pouvait rester impassible en présence d'un peuple réclamant le droit sacré de Liberté. — Nous sommes partis, sans écouter la voix de la raison, pour suivre l'impulsion de la conscience, qui nous montrait le devoir dans le dévouement. — A Athènes, au lieu d'un peuple soulevé par une grande idée, prêt à mourir pour sa défense, nous avons trouvé le calme d'une ville occupée à vivre sans inquiétude du lendemain.

L'ultimatum avait été repoussé, mais en des termes qui laissaient libre champ à la diplomatie pour épiloguer sur les mots et les faits.— On gagnait du temps; il fallait en profiter.

Des volontaires grecs, sujets turcs, arrivaient, criant bien haut : Vive la guerre, et lentement on les enrégimentait. — Les réservistes n'étaient appelés que successivement, classe par classe, et rejoignaient cependant avec beaucoup d'ensemble.

La Chambre ne siégeait pas, et, aucune loi ne permettant aux étrangers d'être admis dans l'armée, les ministres préparaient un projet dans ce sens, projet qui fut accepté sans difficulté.

Il fallut attendre plus de quinze jours pour obtenir la signature du roi.

Pourquoi cette lenteur dans des circonstances aussi graves?

On voulait peut-être laisser à l'Europe le temps d'arranger les affaires, mais alors pourquoi ces comités privés, chargés d'armer des insurgés et de les envoyer en Macédoine? — Avec de tels procédés, l'étincelle allait jaillir forcément, et le gouvernement, qui sentait la poussée du peuple, poussée beaucoup moins forte qu'on ne l'a dit, devait organiser l'armée et les divers services, sans lesquels elle ne peut être. — A force de persécuter les troupes turques, la patience a cédé, et, un beau matin, on s'est trouvé avec la guerre sur les bras. — Deux classes de réserve restaient à appeler; elle le furent en ce moment et ne rejoignirent l'armée que fort tard. — Il y avait encore les exemptés, les dispensés à un titre quelconque, formant un contingent de 3o,ooo hommes au moins, absolument ignorants des choses militaires (c'est vrai). Ceux-là sont restés chez eux pendant toute la durée de la campagne.

Ainsi donc, c'est avec une armée incomplète, à moitié mobilisée malgré le temps dont on disposait, sans organisation, mal disciplinée, qu'on a fait la guerre contre une puissance vingt fois supérieure!

Première faute grave.

On a dit que le gouvernement voulait la paix. — Est-ce là une raison pour ne rien préparer, surtout lorsqu'il y a de l'argent et qu'on peut s'en procurer très facilement??

Admettons cet état de choses et poursuivons notre analyse.

A la frontière, les premiers engagements sont à l'avantage des Grecs; on entre même en Macédoine.

Pourquoi faire reculer toute la ligne, laissant les troupes turques franchir la passe de Mélouna et envahir la Thessalie.

Que penser d'un état-major général qui, lors de notre départ de Larissa, donne ordre et contre-ordre, fatiguant les hommes par des marches inutiles?

Après deux jours de combat à Vrissis, en face des villages de Ligaria et Karazoli, les dispositions de combat étant prises pour le lendemain, pourquoi nous donner l'ordre formel de nous retirer immédiatement?

On a dit que sur la même ligne, à Mati, les volontaires des îles, sujets turcs, pleins d'une sainte terreur, avaient mis le trouble dans les rangs des troupes grecques et que, dans ces conditions, notre position avancée menaçait d'être tournée.

D'abord, il ne fallait pas mettre ces régiments peu sûrs en première ligne, et puis, ne valait-il pas mieux renforcer le point qui avait faibli, que faire reculer celui qui tenait bon? La batterie du prince Nicolas, restée en arrière, aurait pu être utile dans ce cas.

De plus, était-il prudent d'ordonner une retraite de nuit, à 1,200 mètres de l'ennemi, et peut-on comprendre qu'on ait entassé les troupes et le matériel sur une seule route, dans un désordre inouï?

La panique du pont de Larissa, que prouve-t-elle?

Qu'il eût suffi d'un escadron de cavalerie turque pour faire prisonnière toute l'armée grecque. — Qui donc avait ordonné un pareil désordre?

Larissa est une ville ouverte, entourée par des épau-

lements en terre datant de l'occupation turque ; elle est
limitée au nord par le Pénéus, assez profondément
encaissé, et sur cette rivière il n'y a qu'un seul pont.
Au centre de la ville s'élève un monticule, qui domine
les alentours, au sommet duquel était une batterie de
canons à longue portée, placée là pour quelque chose
sans doute.

Pourquoi ne pas réunir l'armée à Larissa et défendre le passage de la rivière ? — On gardait une bonne
ligne de retraite, la voie ferrée, qui pouvait servir à emporter tout le matériel abandonné.

Ne pouvait-on pas au moins faire sauter le pont ? ?

Comment qualifier un état-major qui oublie de
donner des ordres et laisse la légion seule à la merci
des Turcs, qui pouvaient la massacrer tout entière ?
Par bonheur Edem-Pacha n'avait pu croire à notre
retraite et marchait lentement.

On s'explique le nombre de désertuers qui fuyaient
semant la terreur dans les villages et provoquant, à
Volo même, une panique telle que les hôpitaux s'étaient
empressés d'expédier leurs blessés à Athènes. — Beaucoup de familles partirent ce samedi 24 avril.

A Pharsale, l'armée reste *deux jours* sans prendre
aucune position, et c'est alors seulement qu'on se décide
à occuper la ligne de défense s'étendant vers Valestino.
Ainsi donc on se trouvait déployé sur un front de plus
de trente kilomètres, ayant deux points importants
absolument solidaires : Pharsale et la route d'Athènes,
Valestino et le chemin de fer Larissa-Volo. — La
nature du terrain donnait une grande supériorité à la
défensive ; cependant Pharsale pouvait être tournée à

gauche, aussi semblait-il nécessaire de se fortifier de ce côté.

Le 3o *Avril* et le 1er *Mai,* les troupes de Valestino repoussent les Turcs, qui devaient revenir bientôt et en forces considérables.

Le 5, en avant de Pharsale, on est surpris par une attaque à fond sur la gauche et au centre. — Les Grecs, peu nombreux (evzones et légion philhellène), résistent admirablement, mais sont contraints de se retirer.

Pourquoi ce jour-là nous a-t-on laissés seuls, sans un canon, en présence de 12 à 15,000 Turcs avec 3o pièces de fort calibre ? ?

Que faisait l'armée de Pharsale pendant que les avant-gardes étaient écrasées presque sous ses yeux, puisqu'on pouvait de la ville suivre distinctement les péripéties du combat ? ?

Que signifiait cette batterie grecque qui vint dans la plaine, lança deux obus et se retira au petit trot ? ?

Est-ce ainsi qu'on protège la retraite ? ?

N'avait-elle pas un rôle à jouer, en nous voyant nous replier sous le feu de cinq batteries qui, elles, soutenaient l'attaque de l'infanterie turque ?

L'armée se préparait à évacuer Pharsale comme elle avait évacué Larissa.

Or, il était 3 heures quand l'action a commencé ; on avait largement le temps de livrer, avant la nuit, une bataille sérieuse pour défendre une position dont la prise obligeait les troupes de Valestino à se retirer, livrant Volo, d'une importance capitale. Et, en sachant tout cela, l'état-major général n'hésite pas à se replier sur Dhomokos, dont la situation lui paraît plus sûre pour attendre l'attaque des Turcs !

A quoi avait servi la lutte héroïque de Smolenski ?

Peut-on croire un instant que les soldats de Pharsale fussent moins braves que ceux de Valestino ?

Les hommes étaient les mêmes ; les chefs seuls étaient différents.

Toutes ces fautes sont tellement grossières, tellement contraires aux devoirs militaires, qu'elles deviennent suspectes avec raison.

Comment une armée résistera-t-elle à la démoralisation, quand elle se voit le jouet de combinaisons politiques !

A Dhomokos, la position était très forte de front, mais à droite, et à gauche surtout, il n'en était pas de même. Cependant l'armée se concentre derrière les montagnes, qu'on n'attaquera jamais, car on ne prend pas d'assaut des rochers à pic.

Le prince héritier lance une proclamation, déclarant qu'on se défendra là jusqu'à la mort, et, deux jours après, les Hellènes, menacés sur leurs flancs et risquant d'avoir leur seule route coupée, battaient en retraite, abandonnant tout comme d'habitude. Comme à Pharsale, l'aile droite était encore sacrifiée, car elle restait complètement isolée du reste des troupes.

L'Othrys constituait une ligne admirable ; on la franchit d'un coup et on ne s'arrête qu'à Lamia dans la plaine, pour reculer encore jusqu'aux Thermopyles.

Ce grand nom noblement illustré rappelle de glorieux souvenirs ; mais aujourd'hui ce n'est plus une position imprenable. Depuis 2,000 ans, les passages se sont élargis, les sentiers sont devenus des routes, et puis, pour défendre les Thermopyles, il y avait alors Léonidas.

L'armistice a sauvé la Grèce ; car, après Dhomokos, Edem-Pacha pouvait marcher librement sur Athènes; l'armée hellène, mécontente de ses chefs, désespérée, n'était pas en mesure d'offrir la moindre résistance. Il faut reconnaître que dans cette guerre les Turcs ont été remarquablement conduits. Ils étaient en nombre, bien commandés, excellents soldats, avec beaucoup d'artillerie de gros calibre.

Par contre, les Grecs étaient peu nombreux, mal commandés, excellents soldats, avec une artillerie bien servie, mais insuffisante en nombre et en calibre.

La partie n'était évidemment pas égale.

Ce qui caractérise cette malheureuse campagne, c'est la volonté formelle de ne pas agir.

On a sacrifié le peuple dans une comédie sanglante organisée par le gouvernement d'accord avec les grandes puissances.—Les faits témoignent hautement qu'une idée politique dominait à l'Etat-major général.

Et la flotte, sur laquelle reposait l'espérance du pays, comment expliquer sa coupable inaction ??

Quant aux autres services : intendance, approvisionnements, ambulances, etc... après la première retraite il n'en restait plus que des lambeaux.

On comprend alors le serrement de cœur qu'on éprouvait en voyant tomber de généreuses victimes, dont la mort était un véritable assassinat

En rentrant à Athènes, nous avons retrouvé la ville aussi tranquille qu'au début; les cris de «vive la guerre» avaient cessé; mais les rues, les cafés, restaient encombrés de jeunes gens attendant encore d'être appelés sous les drapeaux.

Quand on a conscience de son devoir, on ne doit pas discuter celui des autres, aussi faut-il laisser dans l'ombre certaines appréciations.

Inutile de parler des privations de toute espèce, au milieu desquelles nous avons vécu.

Qu'importent les souffrances physiques ! mais nous avons éprouvé l'immense douleur morale de voir notre grande Idée si pure, si généreuse, abatardie et traînée dans la fange par un gouvernement qui aurait dû la servir à genoux.

L'Hellénisme ne s'est pas réveillé au bruit de la lutte, et c'est en vain qu'autour de soi, on cherchait un pâle reflet de l'héroïque élan, qui enthousiasma le monde en 1821.

Les volontaires ont la suprême satisfaction d'avoir fait leur devoir ; pour eux cela suffit.

Puisse cette terrible leçon profiter à un peuple, qui par son antique gloire inspire tant de profondes sympathies !

www.ingramcontent.com/pod-product-compliance
Ingram Content Group UK Ltd.
Pitfield, Milton Keynes, MK11 3LW, UK
UKHW021159220726
13924UKWH00003B/1214